ヒキコモリ漂流記

山田ルイ53世

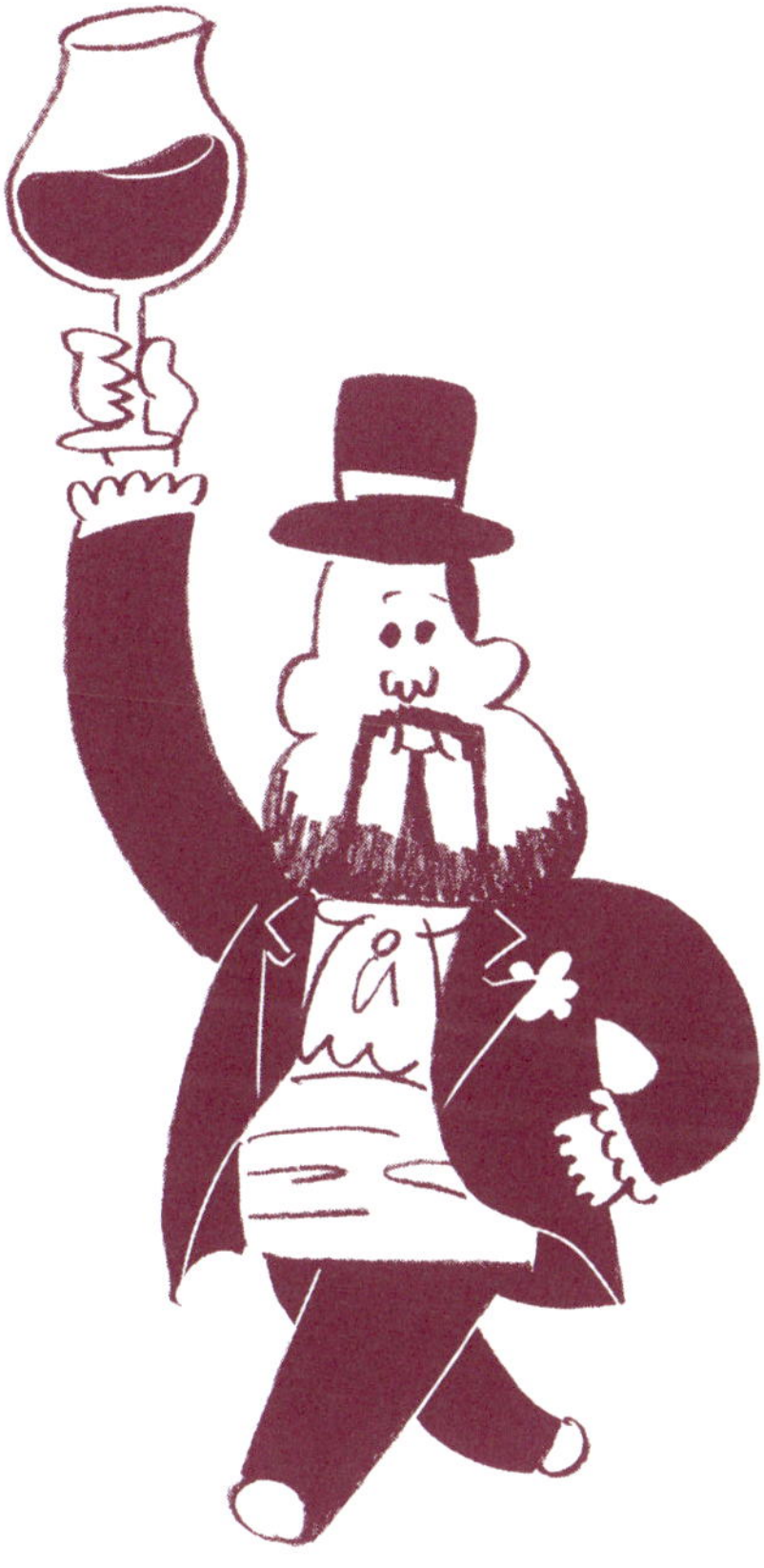

マガジンハウス

ヒキコモリ漂流記●もくじ

序章 引きこもりの朝　7

第1章 神童の季節　27

第2章 地獄の通学路

第3章 引きこもり時代

第4章 大学での日々 161

第5章 下積みからの脱却 203

序章

引きこもりの朝

第1話 中学二年の夏

もしこれから「引きこもろう」と思っている人がいたらぜひ忠告しておきたい。

夏は、引きこもりを始めるのに適したシーズンとは言えない。もし頑張れるなら、秋まで様子を見た方が良い。

なぜなら夏には、こちらの精神状態など関係なく、それこそ否応なしに、楽しいイベントが盛り沢山だからだ。

海に山に花火大会。キャンプにバーベキュー……枚挙にいとまがない。

男女関係の何かしらの進展がのぞめそうなキッカケも、充実の品揃え。

人類に繁殖期があるとすれば、それは夏だろう。そういう人間の動物的な部分、本能にダイレクトに訴えかけてくる「ワクワク」に事欠かないのが夏である。

そんな中、引きこもってしまった日には、自分以外の地球上の全ての人間が、人生を謳歌し、「思い出の貯金」をどんどん増やしていくような焦燥感に囚われることは間違いない。

自分一人だけが、味のなくなったガムを永遠にしがみ続けているような、いわば「思い出の自転車操業」に陥っているかのような、そんな気分になる。

そもそも、十年ちょっとしか生きていない、ガキの思い出の蓄えなどすぐに底を突く。

焦り、不安、絶望、これらの負の感情が、それこそ毎秒押し寄せて来て、大変しんどい思いをすることになるのである。

とにかく、夏に始めるのは、冷やし中華だけでいい。


中学二年の夏休み。

競技場を埋めつくす大観衆からの拍手の煽りこそないものの、六年間という引きこもりの大記録に向かって、まさに僕が「助走」を始めたころ。

あの時は、まさか自分が二十歳まで引きこもるなんて思ってもみなかった。

そう、「あの事件」のことはあったが、この時はまだ、「登校拒否」とか、「学校自体をやめる」とか、そんな選択肢は実はまったく考えていなかったのだ。考えていなかったというか、考えられなかった。

この夏休みが終われば、通学や勉強や部活で大変ではあるが、あの普通の毎日、「優秀な山田君」に「復帰」できる……そう思っていたのである。

原因は他にあったのである。そう考えると、「あの事件」は、引き金に過ぎなかったのかもしれない。

長距離通学の負担、友達との経済的格差、それを埋めるための猛勉強、睡眠不足。それらのことが積もりに積もって、ボディブローのように僕の心にダメージを与えていたのだろう。そして「ああいうこと」になった。

とにかく、「あの事件」が起こってから夏休みに入るまでの、数日か、数週間か、今となってはもう記憶も断片的で定かではないが、なんとかかんとか学校には通っていた……気がする。

一体どういう気持ちで通っていたのか分からないが、そもそもよっぽどの高熱でも出ないかぎり、学校を休むなんて発想は、自分の頭にも、我が家の、それはつまり、「父の」ということだが、その父の頭にもなかった。「学校を休む」、それはもうイコール「悪」であった。「あの事件」のことで気まずいとか、恥ずかしいとか、みっともないとかそんな僕の感情よりも、父の絶対のルールが勝っていたのだろう。

夏休み最終日、学校の宿題は大量に出ていたが、ふと気がつくと僕は宿題には一切手を付けていなかった。

毎日やろうやろうとは思っていた。ちゃんと自覚があった。

本来の自分は、夏休みの宿題なんてものは、休みが始まって一週間で終わらせるのを良しとする、そういう性格だった。なるべく先に先に、前倒しで終わらせてしまうタイプだった。

しかし、その時は何もしなかった。というより、何も手を付けることができなかったのである。

第2話
無駄な段取り

中学に入る少し前から、つまり、中学受験に臨んでいる最中から、僕はある種の儀式めいた「段取り」にこだわるようになっていた。

実際その「段取り」を守って、実行することで、中学受験の勉強もしっかりと集中して出来たし、結果として合格したのだから、それはそれで成功だった。正解だったと言っていいと思う。

しかし、この頃になると、その段取りが悪い方向に進化し、増大し、宿題とかテスト勉強などの、「本当にやらないと駄目なこと」に辿り着く前に、僕を疲れさせてしまう……そんなことがよく起こった。

例えば、勉強を始めようとする。

すると、その前に、部屋の掃除をキチっとしなければならない。そうしないと気が済まない。

まず掃除機をかける。ありとあらゆる埃やゴミ、自分の体毛のたぐい、とにかく「すべて」を吸いとらなければならない。そうしないと、勉強していても気になって手につかないので仕方がない。

まあしかし、これくらいは、「普通」の範疇だろう。お寺さんなんかでも、修行の一環として、清掃が行われる。いわゆる「作務」と言うヤツだが、あれと同じような発想だ。

勉強に臨む前に掃除をして、心穏やかにペンを走らせる。全然大丈夫だ。

次に、床や机、家具などを雑巾で拭く。拭き掃除である。これも大丈夫。普通だ。

大きなものを拭き終わったら、今度は、目覚まし時計とか、そろばんとか水泳の大会で貰ったトロフィーとか、筆箱、さらにはその中の鉛筆、シャーペン、ものさし、コンパスなどの文房具……とにかく、ありとあらゆるものを拭く。拭かなければならない。

そうしないと、気が済まない。手につかない。集中できない……のだからしょうがない。大丈夫。

それが終わると、「自分」である。粘着テープがロール状になったヤツで、今度は自分自身を「コロコロ」する。得体のしれないホコリや毛とかそんなものが付着した、汚れた状態ではちゃんとした勉強はできない。

ズボンにシャツ、露出している腕をコロコロ、足をコロコロ、肩や頭をコロコロ、とにかく全身くまなくコロコロである。

大人になって、仕事で、例えば食品工場見学のロケなどがあると、厳しい衛生管理の観点から、徹底的に体のゴミをとらされる。

全身コロコロして、やっとロケを始めることができる。それと同じ理屈である。

当時の僕の部屋は、オペを行ったり、半導体も作れるくらいの「クリーンルーム」と化していた。全然大丈夫……ではない。


何度も言うが、中学受験に向けて頑張っている時は、この「ルーティン」が上手く機能し、勉強に集中出来たし、結果合格することも出来た。この手法で上手くいっていたし、何事もキチッキチッとこなしていく、その明瞭さ、確かさを気にいっていた。

延々と書き続けても、自分の猟奇性をひけらかすだけになるので、後は手短に書く。

コロコロが終わると、机の上を整理整頓し、ノートや教科書の角をキッチリ揃える。

それが終われば、今度は「気合」を入れる作業だ。

両手で顔を覆って、大きな声で、「よしっ!!」と叫ぶ。はたから見れば、まったく「よしっ!!」ではない。

そして、「手の指の関節を10本全部ポキポキ鳴らす」、「ひざ、肘、くるぶしなんかの体の各関節を手の平でぐっと包むようにして触る」などの、他人から見れば全く意味をなさない「段取り」を完遂してやっと本題である「勉強」が始められる。

これらの「段取り」は、中学受験の時期から始まり、この中二の夏休みまでの間に、徐々にエスカレートしていった。本当に、最初は机の上の整理整頓くらいの話だったのだ。


一流のアスリート、例えば野球のイチロー選手などは、打席に入るまでのルーティンワークで有名だ。

毎打席、グローブをここではめて、足はこっちからバッターボックスに入って、肩をちょこんと触って、バットを何回振ってと、すべて決まっている。そういうルーティンを大切にすることが、あれだけの偉大な選手になれた要因の一つに数えられる。

しかし、そんな自己管理、成功に必須の、「ルーティン」も多過ぎるといけない。もうそれは、コントだ。

しかも僕の場合、それが、日に日に増えていくのだ。イチローも、ルーティンが十個も二十個もあったら、そもそも打席に立つ前に日が暮れてしまうだろう。

とにかく、宿題もせずに、ルーティンばっかりやっているというおかしな状況になっていた。

「ルーティンで大忙し」みたいなバカげた日々。

そのルーティンの数々を乗り越え、やっと本当の目的である勉強にたどりついても、まだ試練が待っている。試練と言っても、セルフサービス、つまりは、自業自得なのだが。

「筆圧」、字を書く時の力加減だが、これが異常に強くないと駄目になっていた。とてつもない強さで字を書かないと、ちゃんと勉強した気にならないのだ。勉強した気にならないということは、勉強してないということだ。そうしないと、やったことの成果、効果が自分で信用出来ないのだ。走り書きなんてとんでもない。彫刻刀で木の板を彫る時くらいの力で書いていた。

勉強が終わると、手首が捻挫した時のようなほてりと痛みを伴っていることもしばしばだった。

そんな力で字を書いていると、よくシャーペンの芯が折れ、どこかへと飛んでいく。

そうなるともう駄目。

その細かい小さなシャーペンの芯が発見されるまで、勉強は中断。気になって勉強している場合じゃなくなる。

航空会社の整備士が、工具を紛失すると、それが見つかるまで飛行機が出発出来ないのと同じである。無くなった工具が、どこに紛れ込んでいて、どんな大事故につながるか分からないからだ。

カーペットの毛と毛の間をかき分けながら捜しているうちに日が暮れていく……なんてこともあった。

運よく、シャーペンの芯が見つかったら、勉強再開である。

極めつけは、「定規で字を書く」である。

漢字だろうが、ひらがなだろうが、カタカナだろうが、はたまた英語だろうが、ありとあらゆる文字を定規を当てながら書く。そうしないと気が済まない。

まっすぐな線じゃないと駄目だという、抑えようがない衝動。これがまた時間がかかる。なにせ、一本一本の線を全部定規で書いていくのだから。

数学の方程式や、「ジョンがナンシーと遊園地に行った」という何の害もない英文が、筆跡がバレないように苦心した、怪文書、脅迫文の類に見える。

「キチンとしないと駄目だ」という気持ちの、「最終形態」、「ラスボス」……成功のためのルーティンは、暴走し、いつの間にか化け物に変わっていた。

この時代の残り香として、大人になってから、ゲームとかやっていても、マップ上の壺や宝箱が気になって気になって、もう何度も確認済みなのに、目にしてしまった以上、その全てをあけたり割ったりしないと気が済まなくなり、洞窟のモンスターを倒すという村人との約束をほったらかしにして、ストーリーと関係なく、そちらの作業に血道をあげてしまう時がある。

結果、ゲーム自体がつまらなくなり、途中でやめてしまう。疲れ切ってしまって。

人生も同じである。

ともかく、もうハッキリ言って、完全に病んでいた。壊れていた。

バカげているのは自覚していたが、どうしてもやめられない、「ルーティン地獄」。

こんなことをしていたら、単純に、しんどい。

そういうわけで、僕は夏休み最終日になってもまったく宿題に手を付けていなかったのだ。

第3話

夏休みが明けた

そして、いよいよ新学期。学校に行かなければならない。

しかし先ほどから説明している通り、僕は何にもやっていなかった。より正確に語感で表現するなら、「な〜んにも」である。

両親はまさか、あの優秀な息子が、よもやそんなことになっているとは露ほども知らない。

そもそも「あの事件」のことも知らなかったはずだ。言ってないから当然だが。中学受験にしてもある日突然、ただの思いつきで子供が勝手にやると言いだし、勝手に勉強して、勝手に合格しただけのことだったし、入学後の学校での成績、生活態度なんかもすこぶる良かった。そんなわけで親は安心しきっていて、僕のこと、その現状をまったく把握していなかったのである。

それが彼らにとっては仇となった。もっと手のかかる子供なら、何かにつけ知る機会も多かっただろうに……。

その日の朝、僕はベッドから出られなくなっていた。前の晩から悶々と、どうしようかと考えていてほとんど寝ていなかった。

夏休みの宿題にはまったく手をつけていない。それでも、その時点でもまだ、「学校に行かない」という選択肢、考えはよぎりもしなかった。

もしかしたら、このまま布団から出ずに寝ていれば、とりあえず今日は、今日一日だけは、何事もなく過ぎ去るのではないか……そんなありもしないメルヘンチックなことを考えながら、特に何もせず、ただただ、刻一刻と、本来なら起きて学校に行く準備をしなければならない時間が迫ってくるのを待っていた。

すると、いつもならすぐに階下に降りて来るはずの僕が、いないことに気付いたのか、父が二階の僕の部屋に声をかけに上って来た。

「順三！　そろそろ起きや－、時間やで！」

いたって普通のトーンの父の声。息子の異変には、まだまったく気付いてはいない。

しかし、今ベッドで寝たふりをしている人間は、もはや夏休み前の従順な優等生ではなかった。

芋虫はさなぎになり、そして蝶となる。

さなぎの状態になると、虫は、その体を、一旦スープ状にまでドロドロに溶かし、そこからまったく違う新しい体をつくりあげる。

僕の場合は、その逆で、いわば、蝶が芋虫に変わっていたというわけだが。以前の自分を自ら「蝶」と言うのも気が引けるが、もはやカフカの『変身』の世界である。

実際、その時の僕は「なんか俺、今、カフカっぽいな……」などと、チェコの文豪の作品と自分を重ね合わせ、その類似性に、意味不明の高揚感を覚え、さらにはこのたぬき寝入りになんらかの「正当性」があるのではないかと文豪の権威を悪用してそう思い込もうとしていた。

父の呼びかけには応じず、僕は寝たふりを続けた。

「順三！　おい！　順三！」

また父が声をかけて来る。少し声のトーンが変わってきているのが分かった。いつもなら従順にすぐ返事をする息子からの反応がない。彼の苛立ちが垣間見えた。

「遅れるぞ！　はよ支度せー!!」

今度はもう、はっきりと怒っていた。高まる緊張感。夏休み前の僕なら、とっくに起きていただろう。だが今は違う。文豪も僕を応援してくれている。あんたは読んだこともないだろうが。寝たふり続行である。

そうはいっても、その緊張感に完全に耐えることはできなかったので、僕は中途半端なボリュームで、「う〜ん……」と寝ぼけた声を発した。相手との距離を測る左のジャブである。

もはや、父の我慢の限界を試す、父とカフカのチキンレースの様相を呈して来た。

「おい！　起きろ！　電車間に合わんぞ！」

布団の上から、僕の体をゆさゆさ揺さぶってくる。

何度目かのゆさゆさで僕は、腹を決めて、
「今日は休む……行かへん……」と、布団の中から言ってみた。

反応はない。自分の声は布団の綿にすべて吸収されてしまって、父の耳には届かなかったのか？

なんだ、どうした？　もしかしてこの牌は「通し」なのか？　お正月によく家族で麻雀をやっていた。かなりの危険牌だった。はっきりと学校を休む旨を伝えたのだ。

しばらくの沈黙の後、

「ローーーーーーーーン!!」いや、もとい、

「はよ起きろーーーーーーーー!!」

という父の怒号。それと同時に、僕が寝ていた二段ベッドが、「ミシッ」っと音を立てた。次の瞬間、僕は自分の脇腹にとてつもない衝撃を感じる。

「起きろーーーーーボケーーーーーーーー!!」

父は叫びながら、二段ベッドの上に両手をかけ、体操選手よろしく、鉄棒の要領でぶらんと体を後方の宙に投げだし、勢いをつけて僕を蹴ってきたのだ。それはもうほとんど、プロレスのドロップキックだった。

「痛いなーーーーーー！　ダボーーーーーーー‼」

実際は、布団の上からだったので、そんなに痛くはなかったが、僕はあばら骨がすべて砕け散ったかのようなもだえ方をしながら叫んだ。当たり屋の素質があったのかもしれない。

僕は、父に最大限の罪悪感を持ってほしかった。息子に大怪我をさせたかも、とんでもないことをしてしまったかもと思わせたかったのだ。

昔から厳しい父だったとはいえ、実の息子に、しかも脆い脇腹に力任せにドロップキックをかましてくるなんて思ってもみなかったし、何より、その我を忘れた衝動的な行動に、何かしら純粋な「憎しみ」めいたものを感じ取った僕は、腹も立てていたし、引いていたのだ。

大人になって、今、冷静に考えれば、僕は、それまでまったく両親、特に父には反抗したことなどがない優等生。親の機嫌をとるのも非常に上手かった。

それがある朝、何の予兆もなく、急に反抗しだした。父も正直どうしてよいか分からなかっただけなのだろうと思う。

怒り方のバリエーション、引き出しが少なかったのである。親に無茶ぶりをしてしまった。申し訳ないことをした。

しかし、当時の僕には、そんな殊勝な考えなど一切浮かばない。僕は後述するように、ひねたものの考え方をしていたので、

「そもそも、これ、高熱出してて体調悪いとかってまず考えへんかね？　いきなり蹴って来てるけども！」とか、「にしても下手過ぎるわ……言葉でアカンかったら、二手目でそれ？　もう出してくる？　蹴りを？」などと思っていた。

『北風と太陽』という寓話がある。

旅人のコートを脱がすのに、北風がビュービューするより、太陽がじんわりゆっくりポカポカさせた方が有効……みたいな話である。

父は、小さな頃、税関の仕事で取り調べをする時のコツを自慢げに披露していた。その際に、この『北風と太陽』の寓話を好んで引用した。

もちろん、「太陽の方がいいんだよ！」という文脈である。

その、太陽太陽とあれだけ言っていた男が、いきなりのドロップキックである。

「あれは何やったんや!?　あんた、めっちゃ北風やないか！」

これに関しては父が悪い。このことを教訓として僕は常々、娘に何か語りかける

時、自分が実践できないことは口にすまいと心がけている。

その後、猟師が獲物のはらわたを引きずり出すように僕は無理矢理ベッドから引っぱり出された。正座させられた僕は、ここで初めて正直に、夏休みの宿題を全くやっていないのでこのままでは学校に行けないこと、そして、まさに数十秒前、父のドロップキックを受けた瞬間、はっきりと自覚したこと、

「学校行くのがしんどい。もういやや」という気持ちをぶつけてみたのである。

堰を切ったようにすべてを話すと、意外にも気持ちが随分と楽になり、スッキリした。ただ、その分学校に行く気力は完全になくなっていた。

どこまで自分の考えが父に伝わったか分からなかったが、父は父で、もう役所に出勤する時間が迫っていたので、そこはとりあえず一旦終わりとなった。

僕の部屋を出がけに、

「お前みたいな、親の言うこと聞かんやつは、もう知らんからな！」という、なんともありがたい言葉を残して。親から子への捨て台詞である。

第1章

神童の季節

第1話

姑息な朝顔のつる

小さな頃は、後々「引きこもり」になるなんて想像もつかない、活発でやんちゃな子供で、よく度が過ぎたいたずらをやらかしては、親が先生に呼び出されたりしていた。

単純に誕生日が四月で、いわゆる遅生まれだったからだろうが、小学校低学年くらいまでは、図体もでかい方で、同級生の間でも一目置かれていた。恐れられるというよりは、頼られる感じで、僕も僕で悪い気はしていなかったのだろう、何かにつけて、他の子の面倒をみたりしていた。

幼稚園の時なんかも、トイレに行けない子がいると、手を引いて連れて行ってあげたり、落とし物を一緒に探してあげたり、泣いている子がいると職員室に誰かを呼びに行ったり……そういう兄貴的振る舞いを先生も見ていたのだろう。

ある時、「級長」に任命された。級長は、先生から渡された、サクランボの形をした、ボンボンを胸元につける。大人からの信頼の証しである。

夏休みに入る少し前、みんなで朝顔の種をまいた。園児一人に一鉢、朝顔を育てさせる。自分の朝顔は責任を持って世話をしなければならない。僕も、皆と同じように、キチンと水をやり世話をした。にもかかわらず、僕の朝顔だけ大きくならなかった。

他の子の朝顔は順調に大きく育っていく。

ふたばが出て、本葉が出てくる。気が早いのは、つるが少し出始めているものもあった。

なのに、僕の朝顔は、小さな小さな「ふたば」が出たのを最後に、それ以上まったく大きくならなかった。

そうこうするうちに夏休みに入った。何日かある登園日の度に様子を見てみるのだが、僕の朝顔の上にだけは、時間が流れていないかのように、何の変化も見られない。僕には何の落ち度もなかったはずだ。単純に種の当たり外れだろう。だが、現実にこれだけの差が出ているのだ。

（なぜ、自分だけがこんな目に……）

人生とはなんて理不尽なんだ。これを解決するには、もう実力行使しかない。

僕は幼稚園に忍び込んだ。

朝顔は、各教室のベランダにズラッと並べられていた。

教室とベランダは大きな「掃き出し窓」で隔てられている。夏休み中なので、そのガラス戸は、というより、教室のドアも何もかも、すべて施錠されていた。つまり正規の侵入ルートはない。

僕のクラス、「バラ組」の教室は二階にあった。しかし、都合良く、バラ組のベランダすれすれに大きな木が生えており、それをよじ登って、ベランダに飛び移れることを僕は知っていた。

無事ベランダに降り立ち、周りをうかがうと、僕の朝顔は、相も変わらず、貧相な「ふたば」止まりの姿でそこにあった。

せめて、枯れてなくなってしまえばせいせいするのだが、空気も読まずに、ふたばのまま青々としている。まったくもって忌々しいヤツだ。

「僕は元々こういう種類ですけど？」といわんばかりに、開き直った様子の僕のふたば。隣の鉢を見ると、土に刺された三本の支柱に、しっかりとのびた〝ツル〟を絡ませた素晴らしい朝顔がある。

他の子の朝顔と比べても、それが一番大きく育っているように見えた。

僕は、そのNo・1朝顔を慎重に引き抜いて、自分の鉢に植え、かわりに、貧相なふたばをその隣の鉢に植え替えた。


それからしばらくして、また登校日がやって来た。久しぶりに会った友達と、夏休み中の出来事を報告し合う。

それらが一段落して、子供達が落ち着くのを見計らい、先生がお話がありますと言って、みんなを集めた。その先生は、若い女の人で、幼稚園の先生になりたてではあるが、とても熱心な先生だと、親達の評判はとても良かった。

その先生の隣では、女の子が一人泣いていた。

僕にはすぐに分かった。この泣いている女の子は、先日、僕が勝手に行った朝顔のトレード、その相手に違いない。しかし僕は、先日自分が手を染めたあの悪事がばれるとは、毛ほども思ってはいなかった。女の子の頭に優しく手を置きながら、体育座りをした子供達を前に、先生が話し始める。

「○○ちゃんの朝顔が、突然小さくなってしまいました……皆さん、どう思いますか？」

えっ？　小さくなった？　どういうこと？

ざわざわと戸惑う周りの子供達を、慎重に目の端で観察しつつ、自分だけが浮かないように、リアクションの温度調節をしながら、僕は、「えらいストレートに聞いて来たな！」などと思っていた。我ながら、姑息なガキである。

ふと先生を見ると、

「バチーーン！」という衝突音が聞こえたかと錯覚するくらい、しっかりと目が合い、先生と僕の視線は、ギッチギチの固結びにされた。

再び先生が、「皆さん、どう思いますか？」と呼びかけた。

勘違いではない。「皆さん」と言いながら、先生は僕のことしか見ていなかった。

ロックオンされている。ばれた。それでも往生際の悪い僕は、まだ、「なんでそんな不思議なことが起こったのかな？　っていうか、○○ちゃんかわいそうだね!?」的な表情を浮かべ、しらばっくれていた。

すると先生、今度は、「山田君は、どう思いますか?」

包囲網が狭まっていく。

周りの子供達は、おそらく、「サクランボの級長さんだから、先生は山田君に聞いているんだ」なんて思っていたに違いない。

答えに窮して往生際悪く、「キョトーン」の芝居を続ける僕に、先生は、

「山田君の朝顔は、急に大きくなりました……どう思いますか?」

その若い女の先生は、一縷《いちる》の望みを託して、この質問をしたのだろう。次の瞬間、始まる感動のシーン。

子供らしく、泣きながらすべてを白状する山田君。それを、寛大な心で許し、何か子供達のその後の人生に影響を与えるような、心に刻み込まれるようなメッセージを伝える先生。改心し謝る僕。他の子供達からの拍手。めでたしめでたし……しかし、現実は違う。

子供は嘘をつく。特にこの姑息なガキは。現実の世界では、大人の方が単純かつ、メルヘンチックであり、子供の方が複雑で、リアリストなのだ。

先生の目は語っていた。

「お願い‼　山田君、お願いだから、自分から言って。先生をガッカリさせないで。先生、信じてるよ……お願い！」

先生の目をまっすぐに見つめながら僕は答えた。

「分かりません」

急速に、先生の目から光が失われていくのが分かった。花火を途中でバケツの水に「ジュッ‼」とつけたかのように。

情熱を持って幼稚園の先生になり、つい先程まで、子供達に注がれていた、熱く優しい眼差し。それが、キンキンに冷えたガラス玉のような目になってしまった。そもそも、たまの登園日にしかやって来ない子供達の朝顔が、枯れもせず、順調に育っていたのはなぜか。先生が世話をしていたからに他ならない。その若くて、情熱溢れる先生は、毎日のように自主的に幼稚園に来て、朝顔の世話をし、観察し、こまめに記録まで付けていたのだ。

そしてある日、一人の園児の朝顔が急激に巨大化し、もう一人の朝顔は、時間を巻き戻したかのように小さくなっているのを目撃する。

今まで、自然界で確認されたことのない、学会でも報告されていないであろう超自然現象が、自分の職場で確認されたのだ。

さぞ、驚いたことだろう。

もちろんそれは、世紀の科学的大発見にではなく、純真無垢だと信じていた子供のえげつない発想と手口にだ。

結局、その場では、それ以上の追及はなかった。が、その後すぐに職員室に呼び出された。ガラス玉の目で無言でしばらく僕を見つめたあと、先生は、僕の胸のサクランボをむしりとった。母に糸でしっかり縫いつけてもらっていたので、僕の体は先生の方へとグラッともっていかれたが、彼女はまったく意に介さなかった。「ブチーン!!」という派手な音がした。

「分かるよね？　山田君にこれを付ける資格はありません!!」

姑息なヤツは失敗する。

第2話

産地偽装の詩

小学校二年生の時。

国語の宿題で書いた「詩」が、地元新聞に取り上げられた。それは、「小さな目」という欄で、「子供ならではのまっすぐな目線で紡がれた文章や詩を紹介する」という趣旨のコーナーだったと思う。

地方紙とはいえ、僕の住んでいた町では、大体、どの家庭でも取っているような新聞だったので、自分の子供の作品が載って、親も大いにテンションが上がったようだった。その証拠に、僕の詩が掲載された新聞を、綺麗に切り抜き、ご丁寧に白い厚紙の台紙に張って、さらには、わざわざ額まで買ってきて、家の玄関に飾っていた。

「何をそんなに大袈裟に言うとんねん!?」と思われそうだが、僕の住んでいた「平凡な地方の街＝田舎」において、新聞に載るというのは、それほどの大手柄だったのである。学校では、朝礼の時に、教頭先生に名指しで褒められたり、近所のおばちゃ

んからは、

「順くん（僕のこと）はほんまえらい子やねー！　うちの○○にも読ませたわー!!」などと言われたりした。

狙い通りだった。すべては計算ずくだった。

まず第一に、僕は知っていた。

というのも、家が近所でよく遊んでもらっていた上級生のお兄さんから、

「この時期に出る、国語の詩の宿題は、新聞社に送られて、出来の良い作品は新聞に掲載される」という情報を入手していた。そして何より、件の詩の宿題を出した時の先生の醸し出しているわずかなニュアンスが気になっていた。締め切りの厳守であるとか、書式、文字数の制限であるとか、いつになく、くどくどと説明をしているのだが、そこに、ただならぬ雰囲気……そう、なにかしらの「コンペ感」がプンプン漂っていたのである。

先生は随分「大根」だったようだ。

とにかく、僕はそれを敏感に嗅ぎ取ったのである。

「これは、いつもの宿題ではない」

そう確信した僕は、全力で「獲り」に行ったのである。

しかし、なぜ小学校二年生の自分がそんなにも新聞に載りたかったのか？　たまたま何かで目にした新聞記事に、アンモナイトか恐竜の歯か忘れたが、何かその手の「化石」を発見した少年の話が載っていたのだ。自分と同じような年齢の小学生が、新聞に載っている。そしてそれを周りの大人が手放しで褒めている。羨ましかったのである。

本来なら、自分と変わらない年齢の子供が、独学で恐竜や化石のことを勉強し、それを発掘するに至った、その情熱の方に刺激されるべきなのに、「新聞に載った」という部分にのみ感化されてしまったのである。

すべてを知った上で考えた。

「どのようなテーマが大人ウケするのだろう？」「どんなワードを使えば小学生っぽく見えるだろう？」

「っぽく」もなにも正真正銘の小学生である。

書いては消し、書いては消しを繰り返した。

「駄目だ駄目だ……大人達は少し足りない感じを好むはずだ……言い過ぎちゃ駄目

だ！」「もっと、子供らしい舌っ足らずな感じを出すんだ!!」

そんな、およそ子供らしからぬやらしい計算の下に出来上がった詩が新聞に載った。

親も、学校の先生も、新聞社の大人達も、そして、もちろん、それを読んだ人達も、

「この作者の子は、とっても優しい子なんだなー!!」などと思っただろう。

しかし、大人達が舌鼓を打って召し上がった、「天然物の子供らしさ」は、その実、偽物の、意図的につくられた養殖物だった。

「産地偽装」である。

第3話 やらしい悪癖

「産地偽装」で作られた、そんな詩がこちら。

『ぼくのランドセル』
ぼくのランドセルはおにいちゃんのおふるだ
おにいちゃんがつかったからペッタンコだ
ぼくもだいじにつかって
おとうとにあげる

実にいやらしい。特に、意図的な平仮名の多用は、やらしさ満載である。

当時、大人向けの本も大量に読んでいたので、小学二年生にして「薔薇」も「醤油」も漢字で書くことができた。もちろん、「僕」「兄」「古」「使」「大事」なんて漢字はとっくに習得済みだった。書けるのに書かない。勝てるのに負ける。

ただ、ひとつ言っておきたいのは、実際、僕が使っていたランドセルは、兄のお下がりだった。そこに嘘はない。元々は黒いピカピカのランドセルだったはずなのに、全体的に色落ちして灰色になっていた。あちこち傷だらけで、おそらく、何度も座布団代わりにでもしたのだろう、型崩れが激しく、ペッタンコになっていた。一体、どんな荒々しい使い方をすれば、これほどの「風格」をランドセルごときが纏えるのか。それほどにボロボロだった。

当然、本当は、そんなボロボロのランドセルが嫌だった。それを背負って学校に行くのが、恥ずかしくて仕方がなかった。

小学校入学時、他の皆は、ふっくらとして、ボリューム感のある「焼き立て食パン一斤」のような綺麗なランドセルを背負って登校する。まさにピカピカの一年生だ。なのに自分のそれは、「カビの生えた八枚切り食パン一枚」くらいの感じだった。実際ちょっと生えていた。「さすらいの小学生」と表現してもしっくりくるくらいの、あたかも数々の修羅場をくぐりぬけてきたような、壮絶な武者修行を経てきたような、凄味を漂わせていた。

そんなわけだから、

「なんで自分だけ、こんなランドセルなんだ?」

という不満も、無意識に込めて書いていたのかもしれない。

残念ながら、そんな変化球のSOSに気付くような、デリケートな親ではなかったのだが。

その証拠に最近親に聞いたところ、さすがに僕のランドセルが、ボロボロで汚すぎると気になっていて、そろそろちゃんとしたのを買ってあげようとなっていたらしいのだが、この僕の詩を読んで感動し、子供の気持ちを尊重して買うのをやめたと言っていた。

結局、小学校の六年間、そのボロランドセルを背負う羽目になった。

ちなみに僕より五歳年下の弟は、新しいランドセルを買って貰っていた。

策士策に溺れる……教訓である。

第4話

謎の見せ本

我が家は、別に由緒ある家柄でも名家でも、地元の有力者でも、資産家でもなんでもなかった。ただの平凡な公務員の家だった。なのに、お堅い家で、何年間もの間、「くだらない、馬鹿になる」という、それこそくだらない、馬鹿な理由で、我が家にはテレビがなかった。

僕が小学校高学年の頃にやっと、我が家にテレビがやってきたのだが、それでも見て良い番組は時代劇かＮＨＫだけで、いわゆる民放のバラエティー番組とかは見せてもらえなかった。刑務所みたいな方針の家だった。

テレビは見せてもらえなかったが、本……というより、書籍といった方がニュアンス的には近いヤツが大量に揃えられていた。スタンダールの『赤と黒』とか、ドストエフスキーの『罪と罰』とか、ゲーテの『ファウスト』とか、ハードカバーの古典作品がところ狭しと本棚に並んでいた。

子供の時から不思議に思っていたことがある。それは、そういう上から目線の賢そうな本が大量にあったにもかかわらず、それらを実際に家族の誰かが読んでいるのを見たことがなかったということだ。おそらく、家族の誰も読んでいなかったと思う。

その証拠に、僕が手にとって本を開こうとすると、長い間、あるいは一度も読まれていない本特有の、「ペリペリペリペリ」という小さな小さな音がした。長期間紙と紙が密着していたため、半ば一体化してしまったページとページが、再び引き裂かれる時の悲鳴。

どうやら僕にしか読まれていなかったようである。

そんな本がなぜ我が家にあったのか？　見栄を張っていたのか？　だとすれば何の、誰に対する見栄なのか？　すべては謎のままである。

漫画本も禁止。ただ、歴史物、偉人伝系の漫画は許されるという、暗黙の了解というか、抜け道があった。なので、小学生の僕は、自転車に乗って、電車で駅四つ程離れた街にある図書館に通い、他の子供達が『少年ジャンプ』や『なかよし』なんかの漫画雑誌を読むのと同じテンションで、「徳川家康」や「野口英世」や「ヘレンケラー」等々、ありとあらゆる歴史物、偉人伝の漫画を読んだ。だから今でも、無駄に「偉人」に詳しい。

親が意図的にそうしていたのか、それは定かではないが、世間で普通に流行っている情報や物質から完全に隔離されていた。ほとんど出家したような状態で暮らしていた。

当時、流行っていた、ゲーム&ウオッチや、ファミコン、キン肉マン消しゴム……とにかく、ありとあらゆる娯楽が我が家にはなかった。

第5話

頑固で、厳格な父

父は、神戸税関の職員。役人だった。たまに家に帰らないことがあり、翌朝、疲れた様子で帰宅する父に、

「昨日、なんで帰らへんかったん?」と聞くと、

「張り込みや」なんて答える。

税関職員も、港で不審な船舶なんかの張り込みをするらしい。

「刑事みたいで格好良いなー」と思った。

張り込み以外にも、船に乗り込んで行って、不審な物がないか捜索することもあったらしく、晩ご飯の時なんかに、武勇伝を話してくれたりもした。

そういう話の中には、「ロシア人船員と格闘の末投げ飛ばした」みたいな威勢の良いエピソードもあり、小学生の僕は、「おとん、かっこえ〜な〜!」と素直に思っていたのだが、中学生の時分、一度父と取っ組み合いの喧嘩になった時、その気持ちは

消えた。中学生にあれだけてこずる人間が屈強なロシア人を投げ飛ばせるはずがない。おそらく、大分盛っていたに違いない。とはいえ、家族にとっては頑固で、厳格な父であることに変わりはなかった。

そういう、税関職員としての、仕事道具のひとつだと思うのだが、我が家には、「伸び縮みする指し棒の先端に、角度が自在に変えられる鏡が付いた器具」があった。もし仕事道具じゃなかったのなら、あんなものが何故家にあったのか……聞くのも怖い。

おそらく、本来は、税関の仕事で、外国の船舶に立入検査をする時、その棒付き鏡で、何かの裏側とか、何かの下とか、何かの上とか、とにかく何か怪しい物を隠していないか探すための物だったのだと思う。

が、我が家ではもっぱら、兄や僕が隠し持った漫画本や、奇跡的に入手できたちょっとエッチな本などを「捜索」するという、しょうもない用途に使われていたようだ。

学校が終わって帰宅し、自分の部屋に行くと、隠していたはずの漫画本や、エッチな本が、勉強机に「ドンッ」とこれ見よがしに置いてある。

どれだけ巧妙に隠しても、帰宅すると、その場所にはなく、自分の机の上に出現する。

天井裏に隠しても駄目、カーペットの下に忍び込ましても駄目、雨で濡れても大丈夫なようにビニール袋に入れ、家の外、例えば屋根の上に貼り付けておくというのも駄目、とにかく、ありとあらゆる方法を試したが、必ず発見され、自分の机の上に帰ってくる。

伝書鳩並みの帰巣本能がエロ本にあるわけはないのだから、父の税関職員としての「捜す能力」を褒めるしかない。ロシア人を投げとばせなくてもさぞかし「腕っこき」の職員だったに違いない。

ある時、僕は父の書斎を物色していた。

特に何か入り用で、捜し物をしていたわけでもない。明確な目的はなかった。僕はただ、「人の部屋を物色する」という浅ましい行為に興奮し、魅了されていた。勝手に子供の部屋を物色するような親の背中を見て育つと子供もそうなる。

「物色のＤＮＡ」はここに受け継がれていた。

父の仕事机があった。なんとなく……本当になんとなくなのだ。その机の一番下の引き出しの、奥の方を探っていると、我が家では見かけたことがない、VHSのビデオテープが出て来た。ビデオテープという代物の存在は、学校でも理科の授業なんかで使われていたので知っていたが、我が家には、それを再生するビデオデッキもなければ、そもそもテレビ自体がない。

いったい何のビデオかなと、おもむろにそのテープの背中を眺める。

父の名誉のためにも詳細は避けるが、タイトルを見て、僕は愕然とした。とにかく、ものすごく、トリッキーな内容を示唆するフレーズが白いシールの上に油性フェルトペンで書かれていた。僕でさえ見たことのない漢字もふんだんに使われていた。父の字だった。

それは、僕が人生で初めてお目にかかった「AV」だった。

最初、「これはきっと、お父さんの税関の仕事のヤツだ。押収物とかいうヤツじゃないか？」と思った。思いたかった。よく考えれば、そんな「証拠品」を自宅に持ち帰るのもおかしな話なのだが。そもそも何の証拠だ。

だが、子供とはけなげなもの。心が、厳格な父のイメージを反射的に守ろうとしたのだろう。それが崩れるということは、それに従って生きてきた自分をも否定することになる。

「例のロシア人船員からとりあげた物かも」

そんな風にも考えてみた。

大体、これをどうやって見るというのだ。何度も言うが、我が家にはそもそもビデオデッキもなければテレビもないのだ。よって、父がこれを鑑賞しようと思って所持しているわけがないじゃないか……必死で考えを巡らし、自分の中で何か大事なものが崩壊しそうになるその瀬戸際で、なんとか踏みとどまった。

その週末、我が家に新品のテレビとビデオデッキが届いた。

あれだけ、子供に教育上の観点からテレビを禁止していた父が、結局AV見たさにテレビ、及び周辺機器までまとめて揃えたのだ。ただ、そのことで、父を軽蔑するような気持ちにはならなかった。

むしろ、ここまでいとも簡単にあの父親の心を溶かすAVなるものに尊敬の念を抱いた。おかげで我が家にも人様並みにテレビやビデオがやって来たのだ。AVには感謝である。自分でも意外だったが、今まで自分の中で頑固で厳格で恐ろしいだけの存在だった父が、実は同じ人間なんだと思えてどこかホッとしていた。

第6話

玉虫色のスーツ

父親のスーツが変だった。

一張羅というヤツだが、とにかく独特のセンスで嫌だった。少し光沢のある素材で、見たことのない緑色のスーツ。それを「ここぞ！」という時着て来るのである。また本人は格好良いと思っているので、たちが悪い。僕は、めちゃくちゃ恥ずかしかった。

小学校の時、たまたま仕事の休みが合ったのか、参観日に父が来た。例のスーツで身を包み、学校にやって来たのだが、その時、クラスの連中が父を見て、

「玉虫や！　玉虫がおる！」と騒ぎだした。

当時、丁度、社会の授業で、聖徳太子の時代をやっていて、「玉虫厨子」のことを習ったばっかりだった。国宝である。

「玉虫」という、金属光沢のある綺麗な緑色をした「虫」がいる。うっすら虹色の

縦縞が入った美しい羽を持っている。そんな綺麗な虫の羽根で装飾された「玉虫厨子」、さすが国宝。子供たちの玉虫の覚えはめでたかった。

父の例のスーツが、その玉虫を連想させたらしい。

「玉虫や！　玉虫のおっさんや！」

いかに誉れ高き国宝の装飾の、主たる部分を担う「玉虫」だとはいえ、自分の親がクラスの友達に「虫」呼ばわりされて、いじられるのはキツイものがあった。その日は、その玉虫のおっさんが見守る中、算数の授業を受け、玉虫と一緒に帰った。

何の運命の導きなのか、僕は後に、実際に玉虫を捕まえたことがある。

今現在に至るまで、少なくとも僕の周りでは、玉虫を捕まえた経験を持つ人間に会ったことがない。当時の僕の小学校の友達にも、玉虫を捕まえたことがある子はいなかった。珍しい昆虫だったのだと思う。

もしや、父のあのスーツを普段から見慣れていたため、僕の目は、玉虫の独特の緑色に対して、他の人間よりピントが合いやすくなっていたのかも知れない。

とにかく、珍しい昆虫を捕まえた子供なら、誰でもそうすると思うが、僕もご多分に漏れず、学校に持って行って、皆に見せびらかしたくなった。しかし、タイミング悪く、父が「玉虫のおっさん」呼ばわりされた後だった。今、この「玉虫」を見せびらかせば、父のスーツのことを皆が思い出し、あの「いじり」を蒸し返される恐れが大きい。

なにしろ、僕自身、危うく「玉虫」というあだ名にされかけたのだ。今は危険を冒せない。その時は、なんとか思い止まり、学校に持っていくことはしなかった。

しばらく虫カゴに入れて、家で飼っていた。飼い方が悪かったのか、元々飼えるような虫ではなかったのか、しばらくすると玉虫は死んだ。

「玉虫のおっさん」事件のほとぼりが冷めたころ、死んだ玉虫を、せめて標本として学校に持って行き、先生に褒められようと思いついた僕は、死んだ玉虫をティッシュに包み、ポケットに突っ込んで学校に行った。

迂闊だった。死んで、乾燥し、一切の水分を失った状態の玉虫は、ポケットの中で潰れ、粉末状になり、ティッシュに包まれたそれは、まるで漢方薬のようになっていた。時代劇で江戸のお医者さんが紙の上にサラサラっと載せているヤツだ。実際、漢方的効能があったかもしれない。知らんけど。

それでも諦めきれなかった僕は、その粉末を元は「玉虫」だと先生や友達に必死で説明したが、誰も信じなかった。

すべてはあの変な緑のスーツのせいである。

第7話 人生の頂点

小学校六年生になった。学校の成績は良かった。通信簿は、一科目、確か図工か家庭科が「四」で、他の科目は大体いつも「五」だった。

部活は、サッカー部。入部した当初から、ずっとレギュラー。なかなか才能もあったようで、小学校三年生か四年生の時にサッカーを始めたのだが、入部初日にリフティングが百回以上できた。

人望もあったのか、選挙で児童会長なんかにも選ばれた。バレンタインデーには女子から沢山チョコレートも貰っていた。

小学校六年生にして、早くも人生の頂点、「黄金期」を迎えていた。今思えば完全に、人生の「ペース配分」を間違えた。マラソン選手なら完全に調整ミス。オリンピックの半年前に体調のピークを持ってきてしまった……そんな感じだ。とはいえ、当時はしょせん目先のことしか考えられないただの子供である。この栄華が未来永劫続くと思って毎日を過ごしていた。

そんなある日、まだ夏というには少し早い時期だった。休み時間、教室の隅で一人机に向かっている少年がいた。

小学生の休み時間と言えば、子供たちは「我先に」と外に飛び出していく。ドッジボールや手打ち野球、ドロケンなどなど、運動場で思い思いの遊びをするためだ。

僕の知っている限り、休み時間に机にとどまって、わざわざ勉強をするような奇特な子供は、見たことがなかった。

それが、細野君だった。我ながら嫌な人間だったと思う。

というのも、先程から書いてきたように、六年生、齢十二歳で人生のピークを迎えた（と思っていた）僕は、クラスの中、もっと言えば、学校全体で考えてもかなり目立った存在で、恥ずかしげもなくはっきり言えば、リーダー的存在だった。正直、学校中、一年生から六年生、ほとんど全員が僕のことを知っていたと思う。生来自意識過剰な性格な上、そういう状況がさらに僕をおかしくしていたのだろう。

僕は当時、他人を「主役」と「脇役」に分けて考える癖があった。当然、自分は主役である。

他にも、足がすこぶる速いヤツとか、僕と同じくらい勉強ができるヤツとか、面白くて人気のあるヤツとか、そういう一芸に秀でた人間は、「準主役」とカテゴライズしていた。

よって、その他の「脇役」の子たちとは、ほとんど喋ったことも、遊んだこともなく、同じクラスに居ながら、その存在が完全に僕の意識の「死角」に入っている人間もいたのだ。

そして細野君は僕にとって、「脇役」ですらない、「エキストラ」的な非常に影の薄い存在だった。

何の気紛れだったのか、自分でも分からない、「主演俳優」である僕は「エキストラ」の彼に近寄って声をかけた。

「何してんの？　遊ばへんの？」

「うん……ちょっと、宿題せなアカンから」

この瞬間まで、ほとんどまともに話したこともなかった二人である。会話もぎこちない。少し戸惑った表情を浮かべながら、それでも細野君は愛想よく笑顔で答えてくれた。その様子を見て、勘違いしている馬鹿なガキ、つまり僕だが、

「なるほど。突然、学校のリーダー的存在、主役の自分に声を掛けられたから、緊張してるのかな!?」

などと、出所不明の優越感に浸っていた。

知らないというのは、本当に滑稽なことで、おそらく、彼の方こそ、僕のことなど眼中になかったのだと思う。

通っている塾の、中学受験対策のレベルの高い問題集に時間を惜しんで取り組んでいる最中に、喋ったこともない調子に乗ったクラスメイトに絡まれて、

「邪魔くさいな……」くらいに思っていたに違いない。

第8話 カピバラと中学受験

その時の僕は、みんな地元の公立中学に進学するものだと思っていたし、それが当たり前のことだと思っていた。そもそも、「中学を受験する」という発想がなかったし、そういう私立の学校の存在も知らなかった。

また、学校の通信簿より上のレベルの「勉学の世界」があることも、そんな高みに向かって、同じ年の、クラスメイトが猛勉強しているなんてことも、何もかもが想像もつかないことだった。

とにかく、僕は急にそわそわしだし、何やら膀胱が刺激され、おしっこが漏れそうな感覚に襲われた。要するに焦ったのである。

「へー……何の宿題？　明日の算数のヤツ⁉」

表向きは冷静を装っていた。

覗き込んでみると、それはハードカバーの立派な赤い表紙の本で、今まで僕が見たことのない難しそうな問題がいっぱい載っていた。たしか算数の問題集だっただと思う。僕や他の子達が小学校で使っている、ペラペラの「計算ドリル」などとはまったく違った雰囲気を醸し出していた。

楽しい動物のイラストで、子供に媚びを売る様な気配は微塵も無い。文字と数式と図形だけ。設問の口調も「しなさい」、「求めよ」と上から目線で、毅然としている。そのすべてが僕には格好良く思えた。

そう、僕の家になぜかズラッと並んでいた、例の『罪と罰』とか『ファウスト』だとか、彼らの仲間の匂いがした。

細野君自身の手によるものだろう、蛍光ペンで線が引っ張ってあったり、細かく何か書き込みがしてあったり、相当使い込まれている感じがよく出ていた。

その本に載っている問題は、僕には一問たりとも解けなかった。

(何なんだこれは？　この世界は!!)

とてつもない衝撃に襲われていた。何にも知らないで、細野君に偉そうにしていたのが死ぬほど恥ずかしかった。

細野君はほのぼの系の動物、「カピバラ」に似ていて、いわゆる「癒やし系」ではあるが、決して男前とかではない。よって、女子にもてるとかでもない。そもそも小六の女子は癒やしを求めるほど人生に疲れてもいない。

喧嘩が強いわけでもないし、面白いことも言わない。足が速いわけでもない。

今の今まで僕の中では、「エキストラ」だった細野君。しかし彼はこの赤いハードカバーの問題集と対等に渡り合える男なのである。

彼のランキングは急上昇し、僕はこの時点で、尊敬の念さえ抱き始めていた。

ついさっきまで、自分が勝手に見下されていたとも知らずに、気のいい細野君は僕が質問するままにいろいろ教えてくれた。

来年、中学受験をするということ。そのために小学校四年生からずっと「日能研」という進学塾に通って勉強してきたこと。第一志望は「甲陽学院中学校」というところで、その他にも、「奈良学園中学校」というところも受験するということ……。

今までの価値観がグラグラと揺さぶられ、自分が酷くつまらない人間に思えた。

正直、初めて聞くことばかりで、何を言っているのか完全には理解できなかったが、僕は「中学受験って格好いい!!」と思った。

たったそれだけの理由で、僕は中学受験をすることに決めたのだった。

第9話 しょうもない塾

その日は学校が終わるとすぐに家に帰った。普段なら友達と遊んでから帰宅するのだが、一刻も早く中学受験の話を親にしたかった。1秒でも早く中学受験に挑戦している格好良い自分になって、細野君と同じ土俵に上がりたかったのである。

その日、家に帰るとすぐに両親に僕の「決意」を伝えた。

決意といっても、それは、「友達が受験するから」「何となく格好いいから」という、ペラペラの理由である。それでは到底許してもらえないと考えた僕は、別のストーリーを用意しておいた。

実はかなり前から中学受験を考えていたとか、でもお金がかかりそうなので、迷惑をかけたくなかったから一度は諦めたのだとか……あることないことならいざ知らず、ないことばかりをつらつらと喋った。

すると、拍子抜けするほどあっさりとお許しが出た。

親にしてみれば、子供の方から勝手に勉強すると言ってきているわけだし、さらにその時、既に6年生の夏をむかえるような時期だったので、もう勉強が間に合うはずがない。時間的にもう無理だろう。ならば、私立につきものの「入学金」や「授業料」の心配もない……そんな計算も働いたのだと思う。

何より僕は、他の兄弟が、習い事をしたり服や物を買って貰ったりしている時も、修行僧の如き物欲のなさを見せていたし、普段から「よい子の仮面」を完璧なまでに被っていたので、これは、「人生初めてのおねだり」だった。

とにかく、親の許可も得て、晴れて中学受験をすることにはなったのだが、あの僕の憧れの、赤いハードカバーでお馴染み、「細野君の問題集」で勉強できる、日能研には入れなかった。

父に、中学受験をするからには、小学校の勉強だけでは無理だ。塾に行かないと駄目だ。それも、日能研というところでないと、お話にならない。それこそ必死で頼んだ。

父は僕の話を黙って聞いていた。否定も肯定もしない。

こういう時の親の沈黙は、子供にとってとてつもない恐怖である。

僕があたかも広告塔のように日能研の名を連呼するので、「なんで、そんなに日能研日能研ゆーてくるの？」というような怪訝な表情を一瞬覗かせはしたものの、すぐにそれも消えた。

それまで僕は、塾というものには行ったことがなかった。

そういうところは、学校の成績の悪い、勉強のできない子が、親に無理矢理行かされる矯正施設のようなものだと思っていた。

そういう意味では、親に「月謝」などの金銭的な負担を掛けたことがなかったわけで、さすがにケチな僕の親も、今回は奮発して希望通り、日能研に入れてくれるだろうと高をくくっていた。

父は一言、「任せとけ！」と言った。

甘かった。数日後、僕が通う塾が決まったと父が言ってきた。父に連れられて行ったのは、当時、子供の僕が思った通りに書かせてもらうなら、なんとも「しょうもない塾」だった。

その塾は、僕の家から歩いて十分くらいのところにあった。

何度も前を通ったことがあったがそこに塾があるとはまったく気がつかなかった。

普通の住宅街の中にあった。

正直、歩いていて、最初の角を曲がったくらいのところで、父と歩くこの道の先に日能研は用意されていないと早々に勘付いてはいた。しかし、その「塾」は、僕が下げたハードルのさらにその下をくぐってきたのである。

ごくごく普通の建て売りの家。その一階部分の一部屋が教室になっている。

男の先生が一人。陰気な感じの人で、何年も外に出たことがないのか、真っ白な肌をしており、痩せていて、常に病み上がりのような気だるい雰囲気を漂わせていた。実に頼りない感じだった。

生徒は僕を含めて二人。多分、僕と同学年くらいの男の子。その子は、「中学受験」をするわけでもなく、当然ながら、受験生特有の「ピリピリ感」もまったくなかった。

しばらくして分かったが、彼は、放課後この塾というか、この家に来て、学校で出された普通の宿題をやるのを先生に見てもらっていたようだ。

先生の親戚の子とかだったのかもしれない。

その子の使っていた教材には、ふんだんに、動物や博士のキャラクターのイラストがちりばめられていた。

とにかく、「受験戦争」「中学受験」、そんな「戦い」とはまったく縁のない空間だった。

「これは、マズイ……落ちたな」と、初日で絶望した。

しかし、父の決定は我が家では絶対である。不満を漏らし、口答えでもしようものなら、拳骨を食らい、「ここが気にくわんのならもういい！」とすべてを白紙に戻されるだろう。それを一番恐れていた。僕は黙っていた。

この塾に通うしかない。なぜ自分の願いは、いつも四十八点くらいでしか叶わないのか？　そもそも五十点を切ったら、それは叶っているとは言えない。我が運命を呪ったが、所詮は無力な子供である。従うしかない。なぜ、父がその塾に決めたのか、はっきりした理由は聞いていないが、十中八九「お金」だろう。

両親は、僕が合格できると本気では考えていなかったのだろう。どうせ落ちるのに、高額な授業料の塾に金を払うのは馬鹿らしい、もったいない、そう思ったに違いない。

第10話 優越感ハイ

塾の生徒は僕と、その親戚っぽい男の子の二人だけだったが、その子は家が僕とは別の学区にあったようで、同じ小学校の生徒ではなかった。

となると、僕の小学校からは、自分以外、誰一人その塾に通っていなかった事になる。一縷の望みをかけて、できる限り大勢の学校の友達に、緊急アンケートを行って聞いてみた。当時は一学年四、五クラスはあり、一クラスあたり四十人は居たはず。

しかし、結果、それだけの数の子供達の、本当に誰一人として、その塾の存在すら知らなかったのである。

もはや「怪談」である。

あれは本当に塾だったのだろうか。それすら今では自信がない。

そもそも、その「先生」が、いったいどうやって生計を立てていたのかも謎である。塾の月謝だけでは生活できるはずがないのである。月の頭に、親に渡される封筒の中身を何度か覗いたことがあるので、その辺りのことは知っていた。それほど「お安い」塾だったのだ。

夕方塾に顔を出すと、学習塾と名のつく場所では、あり得ない濃度の「晩飯の匂い」が教室に充満していて、ほとんど家の台所で勉強しているのと変わらない気分になった。

結婚している様子もない。失礼な言い方だが、あの稼ぎでは結婚なんて出来ないはずだ。彼の実家だったのかもしれない。

そんな余計なお世話なことはさておき、不本意な形ではあるが、僕の中学受験はこうしてスタートした。

勉強自体はすこぶる楽しかった。

「細野君の問題集」は、もちろんその塾にはなかった。そもそもその塾のオリジナル教材は何もなかった。結局、市販されている中学受験用の参考書や問題集を買って、塾に持って行き、先生と一緒に勉強するという、何か釈然としない事態になった。それでも、「ニュートン算」とか、「鶴亀算」とか、「流水算」とか、当時小学校では耳にしたことがない難問の数々、その解き方に取り組んでいるのが楽しかった。

「他の普通の子達がしてないことを、俺はしている!!」

そんな「優越感」で、大量の問題集と格闘する毎日も、まったく苦にはならなかった。朝、早起きして勉強し、学校に行き、部活のサッカーをやって、塾に行き、家に帰って遅くまでまた勉強。とんでもなく「売れっ子」のスケジュールだ。

睡眠時間も半年間くらいは、平均三時間ほどだったと思う。それくらい僕は勉強に励んだ。

一度、学校の健康診断で、尿から蛋白が出て、腎臓に問題があるなんて言われたり、急に、白髪が増え、頭が真っ白になった。

一応大事をとって、母親に連れられて、お医者さんに行った。

「過労です」と言われた。

小学生で過労。

しかし、それが「カッコ良い!」と感じるほど、当時の僕はある種の「ゾーン」に入っていた。

あれほどの頑張りを、その後の人生で発揮できたことはない。

ランナーズハイというのがあるが、この場合、「優越感ハイ」とでも言えばいいのだろうか……力の根源は腐っていたが、とにかく毎日が充実していた。腐った土の方が養分が豊富なのだ。

第11話 神童の予感

二、三か月もすると、中学入試レベルの問題も大方スラスラ解けるようになった。しかし何とも気まずい問題も新たに生まれた。

ややこしいが、これは算数や国語の「問題」のことではない。先生でも解けない問題を僕が解けるようになったというか、先生よりも早く、いろんな問題が解けるようになってしまったというデリケートな問題が発生したということである。

細野君が通っている塾では、到底起こり得ない事態。だが、ここではそれがいとも簡単に起こるのである。

最初は鼻差であった。

「先生、この問題どうやるんですか⁉」と質問する。

すると、先生がもっともらしく手を後ろに組んで僕の横にやって来る。

「どれどれ……」などと言いながら覗き込み、これまたもっともらしく考え始める。先生はもっともらしくふるまうのを好んだ。すると、その矢先に、もう僕が分かって、問題を解いてしまう。先生は、「そういうこと‼」と言わんばかりに僕の肩をポンッと叩き、これまたもっともらしく離れていく。

事態はどんどん悪化し、最初は鼻差だったものが、一馬身二馬身と離れていき、受験本番の頃には先生は出走すらしなくなった。つまり「チンプンカンプン」だと平気でさじを投げるようになったのである。

勉強の成果が出ているということで喜ばしい反面、これはこれで辛いものがある。

そんな時は、先生を傷付けないように僕も分からないふりをして、彼が正解に辿り着くのを待つ。

「先生分かるの待ち」である。意味が分からない。

例えば、「面積を求めよ」という、算数の図形の問題がある。そういう場合、〝補助線〟を引かないと解けないことがほとんどである。逆に言えば、補助線をどこに引くか、それが分かりさえすれば、問題は解けたも同然である。

「先生ー。これどこに補助線引っ張ったらえーの?」

すると先生は僕の横に来て考え始め、例のもっともらしい感じで、鉛筆でいろんな場所に線を引っ張り出す。

それを見てるうちに僕は正解が分かってしまうのだが、先生はまだあらぬ方向に線を引っ張り続けている。

先生が、「どれどれ、うんうん……なるほどね」と言いながら一向に答えに辿り着けない様子を見ながら、僕は自分も分からないふりを続けるのである。

先生という大人に、恥をかかせたくないのである。

生徒数が二人とは言ったが、宿題をする子はそんなに頻繁に塾に来ない。実質、先生と僕のマンツーマン状態になる日が多かった。

そんな二人っきりの空間で、先生に恥をかかせてしまったら、その気まずさを僕が一手に引き受けなければならない。耐えきれない。

実際、何度か僕が先に答えが分かった事がばれた際、先生が大いに不機嫌になったこともあった。

なので、先生が正解を思いつく時間を稼ぐために、尿意もないのにトイレに行ったりしていた。

時には、先生が得意げに解き方を教えてくるのだが、実はそれは間違った方向で、それでは正解に辿り着けない。しかし、僕はすでに正解が分かっている。そんな状況も発生する。

そんな時も「ああ、はいはい!! なるほど——!!」とか言いながら、先生の熱弁にお付き合いし、

「ありがとうございます!! もう大丈夫です!!」と言っておいて、先生が離れた隙に正しく問題を解く。

先生が採点するから、自分が教えた解き方、答えではないのは彼には一目瞭然のはずなのだが、そんな時は何も言わない。

僕は、「大人って凄いなー」と感心したものだ。スルーする力。都合の悪い時は目をつぶると言う手法。そういう部分は今でも役に立っている。

当時は、「余計なことに時間と労力を使わされているなー!!」と被害者意識があっ

たが、今では、「あれはなにかの斬新な、先生なりの独自のメソッドだったのでは？」と思う時もある。違うだろうが。

というのも、周囲の予想に反して、兵庫県では有名な、私立の「六甲学院六甲中学校」に見事合格したのだ。僕自身も、短い期間で、しかも、言っちゃ悪いが、「あの塾」で合格したのである。我ながら「これは凄いことなんじゃないか？」と思った。

極めつけは、塾の先生のテンションが上がってしまい、今考えるとこっぱずかしい話ではあるが、「君も山田君みたいになれる!! 目指せ、中学受験!!」なんて書いたビラを町中に撒き始めたことだ。言っておくが彼が勝手にやったことである。

小さな町でのこと。その界隈では、「中学受験に合格した子」として、僕はちょっとした有名人になった。

そこで僕の中に、「神童感」が生まれる。

自分は何でもできる、特別な人間だ。選ばれし人間だ。

この「神童感」のおかげで、その後人生の節目節目で、ことごとく失敗するのである。

第2章

地獄の通学路

第1話　初めてのステーキ

中学の入学式には父が来た。例の玉虫のスーツでバッチリ決めて。

といっても決まっていると思っているのは本人だけで、やはり他の父兄のスマートないで立ちと比べるとはなはだ滑稽で、僕は隣にいて正直恥ずかしかった。

周りの人達の視線を痛いほど感じた。そんなことには我関せずといった風情の鉄のハートを持つ父は、自分のことのように誇らしげな様子で、入学式を一人満喫していた。

ときおり、他の父兄と目が合っては、「お宅も合格しましたか、良かったですね！お互い頑張りましたね！」的な表情で笑みを浮かべていた。「元々、わたしもそっちサイドの人間ですよ」と言わんばかりに。

息子からこんな言い方はないだろうが、「なんじゃコイツ！　いっちょまえに振舞いやがって！」となぜかちょっと腹が立っていた。「しょうもない塾」の件がまだシコリになっていたようだ。

「よく何にもしてないのにそんな振る舞いができるな」と思っていた。

昔からの悪い癖だが、僕は、感情の保温能力が高く、つまりは恨みがましいところがあり、いつまでも覚えている。

息子がそんなことを考えているとは露知らず、父は、よほど機嫌が良かったのだろう。入学式の帰り道、途中で寄り道して神戸の三宮駅で電車を降りて、ステーキをご馳走してくれた。そこは高級店というわけではなかったが、結構ちゃんとしたレストランで、僕はそこで人生初めてのステーキを口にした。


我が家での外食の定番といえば、駅の立ち食いそばだった。

これはそのままの意味で、家族総出で最寄り駅まで歩いて行き、駅によくある、立ち食いのそば屋さんで天かすそばを食べて、歩いて帰る。

家を出てから帰るまで、ずっとスタンディングという、フジロックフェスのようなスタイルだった。

そんな風だったから、ちゃんとしたレストランで、というか、そもそも座っての外食が初めてだった。息子の前でいいところを見せたかったのか、あるいは普段からそうしていたのか、とにかく父はおもむろに左手を高くあげ、「パチン!!」と鳴らしてウェイターを呼ぼうとした。

ちなみに父は左利きで、昔から、左利きを凄く自慢していた。僕は不便だなーとしか思わなかったが、父は「左利き」が連想させる「天才性」みたいなものを心の拠り所にして生きているフシがあった。尊敬して欲しかったのかもしれない。

それはさておき、指パッチンである。

運悪く、父の親指と中指はその瞬間、摩擦係数が限りなく「0」だったのか、あるいはやったこともないのに無理していたからなのか、「シュッ!!　シュッ!!」と不発に終わり、一向にウェイターの人は気付いてくれなかった。仕方なく、「すいませーん……」という父を見て、また恥ずかしかった。

それでも、でかい玉虫、もとい父とステーキを食べ、これから始まる学校生活に胸躍らせていた。

人生はまだまだ順調であった。

第2話

地獄の通学路

　こうして、名門六甲学院51期生としての学園生活がスタートすることになったのだが、その「道のり」は険しく、困難を極めた。とてもじゃないが、学園生活なんてのんきなものではなかった。

「道のり」といってもこの場合、文字通り、「家から学校までの道のり」……つまりは「通学路」のことである。

　何が険しく、困難なのか？　単純な話、遠いのである。

　まず、毎朝大体、五時に起床する。

　六時過ぎには家を出ないと間に合わないので、顔を洗って、歯磨きをし、時間があれば朝食をかき込み、制服に着替えて家を飛び出す。

　眠い目をこすりながら、地元の駅まで歩いて二十分。冬などは、まだまっ暗、ほとんど夜だ。そこから電車に乗り、数回乗り換えて、やっと学校の最寄り駅である、阪急六甲駅に到着する。

電車に乗っている時間が、諸々含めて一時間とちょっと。

この「ちょっと」は、数回ある乗り換えが、完璧にスムーズになされた場合のみ「ちょっと」なのであって、一度でも乗り換えミスなどがあると、途端に大幅に膨らみ、「ちょっと」ではなくなるという、不動産屋のチラシの、「駅から徒歩十分です！」と同じ希望に満ちたいい加減な「ちょっと」である。

サッカーでいうなら、選手である各電車たちは、ボールである僕を、ワンタッチ、ノートラップの華麗なパス回しでゴールである阪急六甲駅まで運ばなければならない。

最後に駅から学校まで、歩いて二、三十分……計二時間弱の道のり。

「新幹線で名古屋に行く」のとほとんど同じくらいの移動時間である。

僕の住んでいた町は、兵庫県の県庁所在地でもある、百万都市・神戸のベッドタウンだった。

学校に向かう朝のその時間帯は、会社が神戸にあるサラリーマン達の通勤時間とピッタリと重なっていたようで、いわゆる通勤ラッシュの真っ只中を毎日電車に乗っていた。

「寿司詰め」なんてレベルをはるかに超えた混雑。

夕方のニュースなんかで時たま特集される、地域密着の激安スーパー。そこで、タイムセールの目玉商品のオクラの詰め込み放題なんてのがよくあるが、そこには必ず名人のおばちゃんがいて、ビニール袋をまずギュウギュウ延ばしてから、オクラを縦にパンパンに入れていく……くらいな詰められ方だった。

座れない。

自分の地元の駅が始発ではないので、僕が乗る時には、ほんの一、二人分のスペースが残されているのみ。

しかも電車のドアが開くやいなや、駅のホームに並んでいた大人達がそこめがけて殺到する。

わずかな席の奪い合い。まさに弱肉強食の世界である。

中学生のガキの出る幕などない。

「朝顔」の呪いなのか、その後あまり背も伸びず、まさにあの時の「ふたば」のような状態だった僕には到底太刀打ちできなかった。中には、空席スペースの3歩手前くらいから、もう後ろ向きになり、お尻から行く、「背面跳びの選手」のような技を会得しているつわもののおじさんもいた。

僕は、大人達の、なにがなんでも「座りたい」、とにかく腰を下ろしたい、その執念みたいなものに、毎朝ドン引きしていた。

おのれの職場からは遠く遠く離れたこの町に家を建てざるを得なかった。

自分の持つ唯一の武器、「通勤時間を最大化する」ことで、やっとこさ叶えたマイホームの夢。

その代償として、こんな早朝からひどい混雑の電車に乗り、長い長い通勤、それも毎日。

「せめて座らせてくれよ！」

そこには、女、子供、年寄りに対する思いやりなど一切ない。

「ひとたび戦場に出れば、子供も大人も同じだ！」というハードボイルドな世界観。

どんなに地域で評判の良い、家では優しいに違いないパパたちも、この通勤の時だけは、殺気をまとっていた。

僕が毎朝電車に乗ると、必ずいて、かつ席に座れているおじさんがいた。

僕の地元の駅より大分向こうの駅から乗っているのだろう。風体はいたって普通の人で、なんの特徴もない中年のおじさんだったがただ一つ、車内の誰よりも目を引く点があった。極度の潔癖症なのか、とにかく、「接触」を異常に警戒するのである。

早朝の通勤電車のこと。座っていると、うとうとした隣の人が、こちらの肩に頭をのっけてくるなんてことがよく起こる。この潔癖おじさんのその「線引き」はもっと手前で、厳しい。隣の人の肘が「カスッ」とほんのちょっとでも、当たりそうになろうものなら、実際に当たっていなくても、海水浴中、足がわかめに触れた人のように、ビクン!! と反応し、すごい勢いで、体をひねり触れられることから逃れる。それを、両隣の人に対してやるものだから、電車を降りるまでずっと左右に腹筋をひねっているような格好になる。何かのエクササイズだったのかもしれない。

極めつけは座り方である。

座りたい気持ちと、人に触れられたくない気持ち。相反する二つの感情がおじさんの中でせめぎ合った結果だろう、「ものすごく浅〜く」座っていた。

両隣に座っている人達と、少しでも接触の可能性を減らしたい。背中を預けて、しっかり深く腰掛けると、どうしても隣の人に当たる。

それを避けるため、異常なまでの浅い腰の掛け方をするのである。

もうほとんど「空気イス」のようになっていた。もう座るなよと言いたかった。

車中、黒い手帳に、小さな小さな字でずっと何かを書き込んでいるおじさんもいた。米に字を書ける人くらいの細かさで。あのおじさんなら、お茶碗一杯分あればなにか小説を書けただろう。

そんなダメージを受けた大人達に囲まれながら、やっと辿り着く駅。そこから学校に歩いて登る。そう……文字通り、「登る」のだ。

駅から学校までの道のすべてが、急勾配の上り坂になっていて、あれはもう、体感でいえば、四十五度はあったといっても言い過ぎではない。もちろん、四十五度の坂など登れないのだが、本当に、それくらいの坂道が学校まで延々と続いていた。

サッカー部の先輩が言っていたことだが、一度あやまって学校の外に大きく蹴り出してしまったボールが、行方不明になり、その後、六甲駅の改札に転がっていたなんていう都市伝説まで囁かれていたくらいの坂道だ。

加えて荷物が尋常でなく重たい。

やたらと多い各教科の教材の数々、ノート、部活の準備、弁当……それらでパンパンになったカバンを背負って坂道を行く。

見た目、「車では行けないような、富士山とかの上の方の山小屋に、食糧とか、水とか、合計百kg近い荷物を背中に担いで、その身一つで山を登っていく人」、強力《ごうりき》とか歩荷《ぼっか》と言われる人がいるが、もう、それである。

このような、ハードな道のりを踏破し、朝の八時前には学校に到着し、校内着に着替えて、朝礼に参加する。

大部分の生徒が、なんでこんな立地に学校を建てたのか、創立者の気まぐれを恨んだものだ。戦国時代の山城の発想である。攻め難く、守り易し。そして、誰でもいいから、お金持ちの有力な父兄が、いつの日か駅から学校までロープウェイでも造ってくれないかと願っていた。もちろん、それはうちの父ではないが。

その後、授業を受け、部活をやり、帰宅の途につく。

家につくのは七時から八時、いろいろある日は十時なんてことも多々あった。

家に帰るともう疲れと眠気で朦朧としている。

晩ご飯を食べ、風呂に入り、学校の宿題をする。これがまた、各教科、大量に出るものだから、結局、布団にもぐり込むのは夜の十二時を大幅に過ぎている。

そしてまた、朝五時起き……そんなハードな毎日だった。

第3話

授業と先生

私立六甲学院中学。

カトリック修道会のイエスズ会を母体とした中高一貫教育の男子校で、関西においては、「歴史のある名門校」などと表現される事もあるようだ。

一応、ミッションスクールと呼ばれるような学校だが、世間様が思い描く「ミッションョン」のオシャレ感は全くなく、どちらかと言えば、「お寺」のようなノリの学校である。

先生方はよく、「六甲精神」と言っていたが、独特の決まりというか、「六甲ルール」としか呼べないものがあった。

絶対に電車で座ってはいけないという校則がある。

おかげで、今でも電車で全く座らない。

後、例えば、掃除。

特に、便所の掃除。「ベンバン」と呼ばれていたが、これが結構回ってくる。

格好からして独特だった。

まず、短パン一枚で行う。文字通り、短パン一枚なので、もちろん、上半身は裸。そして、何度もくどいが、「短パン一枚」なので、靴も履けない。足元は裸足である。これが、夏ならまだしも、冬は地獄である。

学校自体が山の上にあるので、元々、冬はかなり冷え込む。

加えて、校舎の床や壁は、ヨーロッパとかの歴史ある建物に使われてる風の、表面ツルツルの、大理石っぽい高そうな石でできている。

それは、「伝統ある学校ですよ！」という、重厚な雰囲気を演出するのに一役買ってはいるが、なにせ……冷たい。もう、学校全体が冷たい。寒いとかではなく、冷たいのである。そこを「短パン一枚で裸足」である。ゴム手袋などない。素手でひたすら便器を磨く。便器自体も冷たい。

僕の記憶では、洗剤の類も使うことを禁じられていた。とにかく、磨く。拭く。入学当初は、正直、「ベンバン」が嫌でしょうがなかったが、創立以来の伝統だと言われれば仕方ない。

また、誰もやっていない変わったことをやっているという例の歪んだ優越感も手伝って、すぐに慣れた。


授業はハイレベルで、たしか、中学三年生の時にはもう、高校の勉強に入るようなペースでカリキュラムが組まれていた。

教師も印象深い、優秀な人間がいた。

「数学なら〇〇先生が一番！」、「生物なら〇〇先生の授業が凄い！」と言うように、校内のみならず、地域の「進学塾」とか「進学校」界隈で、高い評価を受けている先生が何人もいた。

日本人の先生の他に、外国人の先生も何人かいた。今から二十七、八年前の話である。

今だと特筆するようなことでもないのだろうが、当時、公立中学、少なくとも、僕の地元の公立中学には、外国人教師などいなかった。おそらく「カトリックの学校」ということもあったのだろうが、「普通に」何人も外国人の先生がいた。

僕は、「さすが私立の名門校だな〜」と感心し、そんな「六甲」に入れた自分を改めて誇らしく思った。

家に帰って、ペリーが来た時の江戸っ子の皆さんくらいのテンションで、両親に、「学校に外人がおった〜!!」などと報告した記憶がある。

僕は、そんな部分でも、地元の中学に進んだ小学校時代の友人達に対して、優越感を持っていた。「彼らの人生はもう終わった……かわいそうに……」くらいに考えていた。そう、実に嫌な人間だったのである。

先生の中には、人柄、性質の部分が一番の持ち味となって目立ってしまい、「鬼の○○先生」とか、「仏の○○先生」などの勉学とは関係のない肩書きを持つ先生もいたが、結局、僕は鬼にも仏にも出くわす間もなく、学校を去ることになる。

そもそも、カトリックの学校に、仏とか鬼がいるのもおかしな話だ。

教わる側の生徒達も、さすが、中学受験の難関を突破して来た、少数精鋭の人間である。優秀な人間が多く、毎日の授業にも緊張感を持って臨んでいた。

しかし、僕はそんな「優秀な」彼らに対して、勉強でも運動でも一歩も引けをとっていなかった。学生としての「体幹」はかなり強い方だったと思う。

その証拠に、成績も学年で十番以内くらいの上位に大体いつも入っていたし、調子のいい時などは、三番から五番辺りをうろついたりもした。

すべての教科において、小学校時代と同じく成績は良かった。

特に、英語が得意で、校内の英語のスピーチ大会のようなものに、クラスの代表かなにかで選ばれたこともあった。

通常、中学生くらいの男子は、英語を本格的に発音するのが気恥ずかしくて、わざと、「じす　いず　あ　ぺん」などと言ってしまいがちだが、僕は全然平気だった。

海外から帰りたての、ほっかほかの帰国子女の生徒が同じクラスにいたが、彼と遜色なく流暢に発音出来た。

「r」の発音など外国人の教師に、「ネイティブスピーカーのようだ」と褒められたりもした。ただ、その先生はアルゼンチン出身で、「cat」を「カット」と発音する人だったので別段嬉しくはなかったが。

後に、芸人になり、苛酷な海外ロケ番組に出た際、普通に流暢に英語を操り、外国人と意思の疎通が図れたため、ディレクターに、「つまんない」と言われたことがある。勉強が仇となったかたちだが、それほどに出来たのだ。

定期テストの前になると、僕の「ノート」を借りたい、見せて欲しいというクラスメイトも結構いた。

「成績優秀」という実績はもちろん、生来の几帳面さから、授業もしっかり聞いてノートをとっていたし、家に帰ってから、自分なりに補足の情報を書き込んだり、図形やグラフを貼り付けたりしていたので、そんじょそこらの参考書より内容が充実していたのだ。

たまに、お小遣いが欲しい時などは、一回五十円でノートを貸してあげる商売をしたら、千円近く儲かった。

一年生の時には、担任の先生に、三者面談かなにかで、「山田君はこのまま頑張れば、おそらく東大いけます!!」などと言われ、両親がキャッキャ言っていたのを覚えている。まあ、結果、「こう」なっているので、あの先生の太鼓判は朱肉がついていなかったようだが。

中学に入っても、小学校で始めたサッカーは続けていたが、すんなりとレギュラーになれた。

一度、なにかの試合の時だったろうか、「ヒールリフト」という格好良い技があるのだが、それで自分の目の前の選手を華麗に抜き去り、その後三人、四人とドリブルで抜いて、ゴールを決めたことがある。

それを見た先生が、周囲に「天才だ！」と漏らしていたらしい。その後、そんなプレーは出来たことがないので、もちろんたまたまなのだが。

こんなに臆面もなく昔の自分をほめたたえるのも気が引けるが、その時の僕は、実写版の『キャプテン翼』だと言っても過言ではなかった。

一方、例えば、勉強でも絶対に勝てないヤツがいた。サッカーも、僕もレギュラーではあったが、それより上手いヤツも何人かいて、その中の一人はなにかのユースチームに選ばれたりもしていた。

そんな時、「あれ？　なんかおかしいな。俺って神童じゃなかったっけ……」と若干揺れることもあったが、それで自分のすべてを否定するほどでもなかった。

第4話

華やかな同級生との格差

一応、「私立の名門校」なんて言われる学校だったので、貧乏公務員の息子にはいろいろとハードルが高かった。そこには「格差」が明らかに存在した。

学校は弁当だった。母には随分負担を掛けたと思う。

なにせ、毎朝僕も五時起きだったが、母は僕の弁当を作らなければならず、それより一時間早い、四時には起きなければならなかった。

豆腐屋みたいな生活サイクルである。

短かった中学校生活の後半になると、親子揃って息切れしたのか、母の弁当作りも手抜きが多くなり、おかずは大体、前の晩の煮物なんかの残りだけという日が増え、ご飯：米の領域がドンドン広くなり、僕は「砂漠化」と呼んでいたが、最終的には、ご飯：おかずが9・9：0・1くらいになっていた。

ある時は、弁当箱を開けたら、焼きそばパン一個がドーンと入っているだけ、なんて日もあった。

僕が自分で作ったりすることもよくあった。

クラスメイト達の弁当と比べると気がひけたものだ。

僕は自分の貧相な弁当が恥ずかしく、母には申し訳ないが、それこそ体全体を使って弁当を覆い隠しながら食べていた。はた目には、机に突っ伏して泣いているように見えたに違いない。

おかずの色どり、バリエーション、どれ一つとっても明らかにクラスメイト達の弁当は、何かしらのセレブ感が漂っており、一度まじまじと隣の席のヤツの弁当を見た時、おかずでサイコロステーキが入っているのを見て腰が抜けそうになった。大体の弁当が、我が家の晩ご飯のグレードを上回っていた。

何人かの生徒は、おかずの交換なんてことも楽しんでいたようだが、そのお鉢は僕のところには回ってこなかった。同級生も何となく気付いていたのかもしれない。僕の弁当には、彼らとトレードできるような良いおかずは入っていなかった。手札が弱過ぎた。

こんな風に、本来なら楽しいはずの昼飯の時間ですら僕にとってはひどく苦痛で、いつも卑屈な気持ちにさせられた。

同級生との格差は弁当以外にもあった。

言い方は悪いが基本的にみんな「ボンボン」である。彼らのご両親は、やれ医者だ、弁護士だ、大学教授だなんてのが本当にザラにいて、中には某スポーツ用品メーカーの一族だなんてヤツもいた。

関西の高級住宅地、「六麓荘」に住んでいる生徒もたくさんいた。

友達の一人が、「ホテルで、誕生パーティーをした」なんて話も小耳に挟んだことがある。普段、僕と学校で仲の良い、クラスメイト達も何人か参加していたらしい。他の学校の女の子の友達なんてのも来ていたそうな。それらが、ごくごく普通な感じで、特別の出来事ではなく行われていた。

変な話、もう童貞を卒業している人間もいたかもしれない。

もう、アメリカのテレビドラマ、「ゴシップガール」、あるいは「花より男子」のF4的なああいうノリ。セレブ。そんな連中が実在していた。そういえば、何人かの友人はなにやら高そうな腕時計をしていた。

「これは無理や、住む世界が違う……」と思った。

英単語を覚える時に、新聞折り込みチラシの裏の白い所を活用した「単語カード」を使っているような人間とは考え方、価値観が違い過ぎる。

こういうことも、後に、学校に行く気力をポキッと折られる遠因になっていたのかもしれない。

周囲も、僕のことは「できる人間」と認めていたと思う。

しかし、いくら勉強ができても、運動ができても、生まれ持った格差は当時の僕にはいかんともしがたい。

道理で、僕に成績や部活で負けている「下」のヤツらが、僕に対して、負けた感じを一切出さず、偉そうにしていたはずだと妙に納得した。人間のプライドを支えるのは所詮金だと思った。

第5話
予兆

ある日、駅で一緒になった同級生と、学校に向かっていた。

駅からしばらくはまだ街っぽい感じだが、そのうち急勾配の坂道になる。

坂道というか、一応周りは住宅街ではあるのだが、角度的には、もう「山道」である。

その、まだ街っぽいエリアを抜けるか抜けないかの地点でそれは起きた。

唐突に手の平に、「ぬくもり」が発生した。

その後、「ピチャーン！」と音がした。

科学的にどうなのか分からないが、その時は確実に、「ぬくもり」先行の「ピチャーン！」だった。

手の平を見ると、白、茶色っぽい黄色、黒がグチャグチャッとなった、スライミーな物体がそこにはあった。

その時僕は、「横のビルの上階の住人が、朝ご飯の目玉焼きをフライパンでひっくり返そうとして、それがピョーンと窓から外へ飛び出し、自分の手の上に落ちて来た」という、アメリカ人が大笑いしそうなベタなハプニングが起こったのだと、なぜか咄嗟に思った。

人間の咄嗟の判断能力なんてたかが知れている。

実際は、カラスか何かの糞が、丁度僕の手の平に落ちて来たのだろう。制服にも、手の平に当たった糞が盛大に跳ねていて、付着した部分は白くなっていた。

車のボンネットや、人の肩などで見かける、あのペンキっぽい白い状態のヤツだ。

しばらくして、僕も糞だと気付いたが、本来なら「汚いなー！」となるところを、僕も同級生も妙にツボに入ってしまい、手の平に鳥の糞を乗せたままゲラゲラ笑っていた。

自分の手の平にウンコが落ちて来ることなんてまずない。確率にしたらいかほどだろうか。

その日は、いつもより何本か遅い電車に乗っていた。なので、いつもより遅く駅に着いた。

その日はそこで、いつもなら一緒にならない、仲の良い同級生と会った。同級生とお喋りをしながらなので、歩くペースはいつもより少しだけゆっくりになっていたかもしれない。

その日は荷物が多かったから、カバンを女子っぽく、肘にかけて、それのせいで手の平が天を仰いでいた。いつもなら、肩に担いで持っていたカバンだ。

その日に起こったささやかなイレギュラーの積み重ねが、その日の行動が、結果、手の平とウンコというあり得ないコラボを実現したのだ。

確実に、その日、僕は、僕の手の平は、ウンコを「迎えに」行っていた。いや、迎えに行かされていた。

何か人間より高次元の存在に。

オカルトチックな話になるが、あれは何かの「予兆」だったに違いない。誰からなのかは知らないが、あの「メッセージ」の意味するところを、もっと敏感に、真摯に、正確に受け取っていれば、あんなことにはならなかったはずだ。

第6話 ポイント・オブ・ノー・リターン

それから数日後、暑い夏の日、いつもの通り、学校に向かっていた。いつもの電車で、いつもの時間に駅に着き、いつものペースで歩く。

箱に手を突っ込んでランダムに取り出した、何の変哲もないとある一日。

いつも通りの早い時間だったので、駅から学校に向かう道中、生徒には誰にも会わなかった。

遠方から通学していると、ちょっとのミスで致命的に遅れることがある。

遅刻を極端に恐れていた僕は、用心深くなり、常に早め早めのスケジュールで動くことを心がけていた。

そもそも早めに見積もっている起床時間を、さらに十分早くする、家を出るのをちょっと早くする、電車を一本早くする……この早めが積もりつもって、結果、同級生から、「なんでいっつもそんな早く来てんの？　一人で何かしてんの？」と怪しまれるほど、当時の僕は一番乗りキャラになっていたので、登校中に、生徒に会うこともほとんどなかったのだ。

駅からしばらく続く街並みを抜け、勾配が増してきた坂道の途中でそれは起こった。

「あれ？　お腹が痛い……」

それまで何の違和感もなかったお腹の具合が突如悪くなった。

「ゴロゴロゴロ」……腹から聞こえる不穏な音。さらに、「ポコポコッ」とか「キュールルルル」とか、お腹のそこかしこで音がし始めた。

オーケストラで、演奏前に各楽器が思い思いに、試しに音を出している時のように。このまま順調にことが進めば、そろそろコンサートが始まるに違いない。

後少しで、蝶ネクタイの紳士が、指揮棒をサッと振り上げるはずだ。しかし、学校まではまだまだ距離があった。おそらく、あと十分はかかる。まずい。

周囲にコンビニなんてなかった。山道、といっても住宅街ではあるのだが、お金持ちの立派な家が立ち並ぶ、山の手の高級住宅街。トイレを借りられそうな雰囲気はない。何より恥ずかしかった。

そんなことを考えているうちにも、ドンドン便意は高まってくる。

一度、便意と意識したが最後、その存在感は増す一方であった。

とにかく、一秒でも早く学校に、便所に辿り着かねばならない。校舎まで行けなくても、現在地から一番近い、グラウンドまで行けば、たしか便所があったはずだ。

最悪、「野で放つ」という選択肢もこの緊急事態ならあり得た。いくらモラルがないと責められようが、知ったこっちゃない。それで怒られるのは、高校生からだ。自分はまだ中学生だから全然オッケーだ。

しかし、それに適した草むらもなく、また、間の悪いことに、自分の学校の生徒は見かけなかったが、ちらほらと、近所の女子大のお姉さんが歩いていた。

松蔭女子学院大学。こちらも関西の名門お嬢様学校で、特にその中・高の制服である真っ白なワンピースは、テレビのローカルニュースに、その衣替えの話題が、季節の風物詩的扱いで毎年出てくるくらい、地域では憧れの対象だった。

そんなお嬢様の前で野グソなどするわけにはいかない。この時点で、僕の退路は完全に断たれていた。

一瞬、駅まで引き返してトイレに行こうかとも考えたが、すぐに思いなおす。絶対途中で漏らす。漏らした状態で、駅からやって来る大勢の生徒と出くわす。最悪だ。

ここは、すでに「point of no return」（帰還不能点）だった。

今から駅まで戻る燃料はもう残されていない。もう前に進むしかない。

僕は全身の力をお尻の一点に集中させた。結果、両足の太ももがピタっと密着し、固定され、その膝下の可動部分だけを使って歩く様は、何かのガールズコレクションさながらの綺麗なウォーキングのようになっていたに違いない。

完全なる防御体制。ボクシングでいえば、タイソンが得意とした鉄壁の防御、「ピーカーブー」スタイルである。

行ける。いや、行かないと駄目だ。

ぬるついた脂汗が全身ににじみ出てくる。

成績優秀、部活でもレギュラー、そこそこクラスの中心人物、そんな「山田君」が、「漏らす」わけにはいかない。

坂道を一歩一歩行きながら、僕はおこがましくも自分をある人物に重ね合わせていた。

カトリックの学校だったので、「聖書」の授業があったり、ミサなんかも行われたり、何より、六甲の先生は大体が神父様でもあったので、その辺の知識は人よりも豊富だった。

何とも畏れ多い話ではあるが、今こそ神にすがりつかなければ。この試練を乗り越えるにはそれが必要だった。

いつもの通学路の坂道が、あの「ゴルゴタの丘」へと向かう坂道に変わっていた。

その勾配を、十字架を背負って一歩一歩進んで行く、イエス・キリスト。

やじうま達に、石つぶてを投げられながら、最後までご自身のおみ足で坂を登り切ったイエス様。

今自分は、あの方と同じ体験をしている。試練を与えられている。

ウンコという十字架を背負い、一歩一歩進んで行くのだ。

そうか、こういう体験をさせるために、創立者はこんな山の上に学校を作ったのか？　すべては試練なのだ。

僕にだって乗り越えられるはずだ。

精神的に追い詰められた僕は、そんな訳の分からない熱に浮かされ、歩き続けた。

しかし、もちろんのこと、所詮は凡人である。「主」とは比べるべくもない。

さて、物語としては、ここからなんとかグラウンドにまで辿り着き、トイレに駆け込んで、よし、これで助かった！　とズボンを下ろすその刹那《せつな》、あと一歩のところで漏らしてしまった、くそっ、あと少しだったのに、なんでだー!?……くらいの方が盛り上がる。こちらも芸人の端くれ。分かっている。

ドキドキハラハラの筋立て。読者を惹きつける効果も十二分に狙えるというものだ。

ただ一つ言っておきたい。

「事実は小説より奇なり」などと言うが、それを言う人はつまらない駄作の小説しか読んだことがないのだろう。たいがいの場合、当然小説の方が「奇なり」であって、だからこそお金を払って読むのである。

これはあくまで現実の話。現実はしょうもない。

第7話

完璧な処理

僕はすでに……漏らしていた。

何なら「ピーカーブー……」の直後くらいでもう漏らしていた。

闘いのゴングが鳴ったその直後だ。

しかし、言っておくがこれは「わざと」である。僕は、瞬時の判断でよりクレバーな作戦に切り替えていたのである。

と言うのも、あまりにも「便意」が巨大だったので、瞬時に、「一回小出しにしとこう！」というケツ断を下したのだった。

パンツ部分で食い止められる程度で小出しにすれば、お尻の門を突破しようとするヤツラの圧力もいくらか減らすことができるだろう。

その分、太ももを密着させた、歩きにくい「ガールズコレクション体勢」を解除して、より速く歩くことができる。

そうすれば、その後想定される、「洗面所での洗濯」に時間をかけられるし、何より他の生徒が登校してくるまでの時間を稼げる。

つまり、最小限の被害で、この危機を乗り越えられる。そう判断したのだ。実にクレバーだ。

中学生にして、これはなかなかの危機管理能力である。

そう思って、慎重に力加減をしながら「小出し」にした。ケーキに絞り袋でホイップクリームをちょこんとデコレートするイメージだ。

朝の閑静な住宅街に、ビックリするほど、その音は響いて周りの家の窓のカーテンが、シャーー!!　と一斉に開くんじゃないかと怯えたが実際は何事も起こらなかった。

思っていたより、随分多めに、そして思っていたよりかなり「ゆるい感じ」のものが出た。

モコモコッと自分の制服のお尻の部分が膨らんでいくのが分かった。アフリカの母性たっぷりのお母さんのようなシルエットになっていただろう。

あとはなるべく早くグラウンドに辿り着くだけだ。

そこから急いで歩き、五分ほどで、グラウンドの便所に到着。

終始、不快な違和感が下半身にあったが我慢して歩いた。思っていたより大分早く着いたので、「もしかして、少しも出さずにノーダメージでここまで来られたんじゃないのか？」と一瞬自分の判断を後悔しそうになったが、今はその時ではない。

便所に着くと、まず個室に入りカギを閉める。来る途中、学校関係者には誰も会わなかったが、時間的に、そろそろ生徒達が駅に着くころだ。

しばらくすれば、そいつらが大挙して登校してくる。残された時間は多くはなかった。

まずは、被害状況の確認である。二次被害を避けるため、先に靴と靴下を脱ぎ、裸足になってから慎重にゆっくりゆっくりズボンを下ろす。便所で裸足になるのは、「ベンバン」のおかげでまったく抵抗がなかった。

もう歩いている途中でなんとなく分かってはいたが、ズボンもやられていた。

制服のズボンのお尻あたりに、しっかりと大きな「染み」が広がっていた。カップアイスを開けた時のふたの裏のように、しっかりとあれが付いていた。ペロリと舐めるわけにもいかない。

ズボンを慎重に裏返しにして、脇に置く。さあ、お次はパン……べっとりだった。

もうハッキリベットリだった。

それもズボンに触れないように脇に置く。小出し作戦でなんとか辿り着いたが、お腹の痛みも、もう限界だった。

便器に腰を掛けて、残りのヤツらをすべて解放するべく僕はいきんだ。

「プスーーーーーーーー」

長い長い溜息のようなおならの後、それ以上何も出てこず、腹痛は嘘のように収まった。

全部だった。思っていたより多めに出た、「小出し」。それがすべてだった。なんやねん!!

十六両編成の新幹線だと思っていたら、田舎の在来線二両と、あとはただの「雰囲気」だけだったのだ。

騙された。それなら、ギリギリまで我慢して、なるべく便所に近い地点で出していた方が、ズボンに浸食する量も減ったんじゃないか。うんこと生地が接触している時間も短くて済んだんじゃないか。

後の祭りである。今は時間がない。

個室のドアを開け、コッソリ外をうかがう。まだ人影はない。僕は下半身丸出しで、素早く外に設置されている、水飲み場まで行くと、まずは自分の体を丹念に洗う。ふくらはぎあたりまで来ていた。

続いて、パンツとズボンの被害個所を無心に洗い、きつくきつく絞って、パンパンとはたいてから穿いた。教室まで行けば校内着に着替えられるので、制服は脱げる。問題はパンツだが、これはなんとか体温で乾かすしかない。大丈夫だ。乗り越えた。完璧なはずだった。幸い誰にも見られていない。大丈夫。そう自分に言い聞かせながら、教室に行く。タイムロスがあったのに、一番乗りだった。ついてる。早々に、校内着に着替えた。

制服のズボンは椅子の下に収納スペースがあり、そこに放り込んだ。

しばらくすると一人二人とクラスメイトが登校してくる。

第8話
体温焙煎の香り

本当の勝負はこの後だった。

一時間目が終わり、二時間目も終わった。三時間目が始まろうとしたその時、ほのかな香りが僕の鼻を刺激した。

「えっ……なんで?」

そうなのだ。しっかり洗ったつもりだったが、所詮、水で手洗いしただけ。パンツの繊維の奥にもぐりこんだヤツラはまだ完全に洗い落とせていなかった。そして性質の悪いことに、ヤツラは乾いた時の方がより香り高く存在感が増すのである。コーヒーとかカレー粉と同じ、焙煎効果。この場合、僕は自らの体温で焙煎していた格好である。

今、最高に香ばしい香りが僕の下半身から立ち上り始めた。

「ダバダーダーバダバダーダバダー♪」と聞こえてきそうだ。

椅子の下に放り込んだ制服のズボンも、夏の暑さで乾き、香りが蘇っているに違いない。

今はまだ周りの誰も気付いていない。動いては駄目だ。少しでも動けば、僕の周りの空気が動く。気流が乱れて、隣の席の同級生の鼻先にふらふらと漂っていくかもしれない。

僕は微動だにしなかった。できなかった。

自分を取り巻く周りの空気、その空気の粒子の粒の一つ一つを、分子のレベルにまで意識することができた。

まばたきすら許されない。じっと動かない僕。いつもなら授業中、積極的に手を挙げ先生にアピールするのに、分かっている問題にも手を挙げない。今は駄目だ。

暑い夏のこと、パタパタ下敷きで扇ぐ者、せわしなくノートをとる者、教科書を読み上げながら教室をゆっくりと歩きまわる先生。開けられた窓からそよいで来る爽やかな風。

空気を動かす要素は無数にある。

僕の鼻先にはもうかなりの勢いで「フレイバー」がやって来ている。鼻先に立ち止まって、じっとしている。先生が僕の横を何か説明しながら通過した。空気が動き、僕も風を顔に感じた。次の瞬間、

隣の席の生徒が、「あれ?」となったのが分かった。直接、顔を見なくとも気配で分かった。

時を同じくして、前の席のヤツの背中が「あれ?」となった。背中で語るとはこのことだ。

もう駄目だった。それを皮切りに、「あれ?」と「ん?」が広がっていく。

オセロなら大逆転。

僕の席に黒を置く。するとその瞬間、盤面を覆い尽くしていた白が、パタパタパタパタと次々にひっくり返って黒になっていく。この場合は茶色だが。

「あれ？」がクラス中に広がっていく。生徒たちの頭の上の虚空に「？」が浮かんでいるのが僕には見えた。

なんなんだ、この臭いは？　マジか？　誰やねん？

まだその「誰が」には、辿り着いていないが、それも時間の問題だ。

「ざわ…ざわ…ざわ…」でお馴染みの漫画があるが、あれの「クサ…クサ…クサ…」バージョン。

なんとかこのまま授業が終わるまでしのげば、休み時間中に対策を講じることもできるはずだ。ことここに至って、僕はまだ儚《はかな》い希望を抱いていた。

隣のヤツが僕の方を見ている。前のヤツもこちらをちらちら振り返り始めた。

完全にばれた。終わりだ。……しかし、誰も何も言ってこなかった。

山田君から、なにか変な臭いがしてくるし、その成分は間違いなく「ウンコ」だ。

でも、どうしたらいいのか分からない。僕もどうしていいのか分からなかった。意味の分からない膠着《こうちゃく》状態が生まれていた。

これが、申し訳ないが、あんまり成績もよくない、普段から気軽にからかうことができる、良くいえば「ムードメーカー」、悪くいえば「劣等生」の子なら、事態はこうもナイーブにはなっていなかったはずだ。

そういう子なら、ひとしきりいじられ、からかわれ、「笑い」でしのげたはずだ。

究極、「テヘヘヘ……」くらいの簡単処理ができたはずである。

うまくいけば、卒業まで「ウンコ」ネタで引っ張って、人気者になれたかもしれない。

しかし、自分で言うのも本当になんなのだが、僕は「勉強も運動もよくできる優秀な生徒、山田君」である。

それが、軽快にピエロを演じるのを邪魔していた。

誰も突っ込めず、お互い事態をどう収拾してよいのか分からぬまま時間だけが過ぎていく。

「可愛い女の子が、鼻毛を出している」のを、上手くいじって、誰も傷つけず、その場をなごませた男が、人類史上、いまだ誰一人現れていないように、これもまた、その時の人類には、ましてや中学生の僕達には、もう次の世代に託すしかない、手に余る問題だった。

反面、僕らは僕らなりに、空気を読んだ……というより、空気を嗅いだのだとも言える。

完全にウンコの臭いが教室に充満し、誰かがマッチでもすれば爆発しかねないくらいの濃度で立ちこめていたが、そんな中、誰一人僕に突っ込まず、僕も突っ込ませず、時間だけが過ぎていく。

誰も責めることはできない。責めるとすれば、前の日の晩に、カキフライを晩ご飯に出した、母であろう。

第9話 帰りの電車

四時間目が始まる前に、僕はこの気を遣われている感じの、「ぬるーい空気」の中での、「屈辱の半身浴」に耐え切れず、ひっそりと教室を抜け出し、誰にも言わずにそのまま家に帰った。

帰りの電車でも、自分の発する臭いに怯えながら、なるべく人気のない車両を選んだ。

夕方にもならない中途半端な時間の下り電車。毎朝、毎夜のラッシュの電車しか乗ったことがなかったので、

「普段はこんなに空いてるねんな～……」などと、この非常事態にのんきなことを考えていた。でも、鼻先をかすめる臭いにすぐ正気に引き戻され、なるべく風通しの良いドアの戸袋のところに立って帰った。

何度か、近くに座った乗客が、怪訝な表情を浮かべた後、僕から離れていく度に、電車から降り、知らない街の知らない駅のホームを、自分の下半身から出て来る臭いから逃げるようにうろうろし、また来た電車に乗りというのを繰り返しながら、なんとか家に辿り着いた。

家には学校から、ジャンジャン電話がかかって来ていたらしく、帰るなり、母に「順君、ちょっとどうしたん？」とめちゃめちゃ探られた、というか素直に心配してくれていた。が、体がしんどかったからと言って、「ゴメン」と一言謝って済まし、すぐお風呂に入った。

普段から完璧な振る舞いの優等生だったので、それ以上特に追及されなかったが、

帰宅するなり、口数少なく風呂に直行したので、もし僕が女の子だったら、母もあらぬ事態を想像し、もっと根掘り葉掘り聞かれたかもしれない。

自分でも意外なのだが、次の日から、夏休みに入るまで、ちゃんと学校には行っていた……と思う。前日あんなことがあったのに、僕も、同級生達も、先生も、「シラー」っとやり過ごしていた。誰も特に何も触れない。僕も何も言わない。

一人だけ、「順三、昨日どないしたん？　なんで帰ったん？」と聞いてきたヤツがいたが、僕は、「ちょっとしんどかってん」と、母にしたのと同じ答えを返しただけで終わった。

あれは多分、みんなの代表で聞きに来た、斥候的な役割のヤツに違いなかった。

ここで、「ウンコ漏らしたから帰ってん……テヘヘヘ」と言えれば、何の問題もなかったはずだ。

多少いじられることにはなったろうが、それはそれで楽しかったのではないか。

しかし、その時の僕は認められなかった。漏らす側には絶対に回れなかった。

神童感が邪魔をしたのだ。

とにかく、数日か数週間か記憶が定かではないが、何を思ったのか、僕は学校には通い続け、夏休みに入る。
おそらく、「学校を休む」といった、道を踏み外すことに対する恐怖心が勝ってい
たというか、そもそも発想の外で、選択肢にも上がらなかったのだろう。
とにかく、これで夏休みを過ごして、新学期から、また今まで通りやっていける。
大丈夫だ。そう思っていた。
結局、それがすべてではないが、ウンコがきっかけで、あそこまで長い長い引きこ
もり生活に自分が突入するとは、その時の僕は思ってもみなかった。

第3章

引きこもり時代

第1話

切れた最後の糸

「お前みたいな、親の言うこと聞かんやつは、もう知らんからな！」

父にそう言われて、学校に行かなくなったあの日。結局、父が仕事から戻って帰宅すると、母も交えての話し合いとなり、とりあえず、夏休みの宿題が全部終わったら、もう一度ちゃんと学校に行きます……ということでなんとかその場はおさまった。もちろん、一度切れた僕の心の糸は二度とピーンと張ることはなく、よって宿題をすることもなく、この後、ズルズルと引きこもり生活に入っていく。

僕の中では、自分で勝手に頑張って、私立の立派な学校に合格したのだ。それを自分で「もう行かない」という判断をして何が悪いんだ。あなた達親にはなんらそれに口出しする権利などないはずだ……そんな気持ちがあった。

実際は、親には口を出す権利はもちろんあった。お金も実は沢山かかっていた。普通の公立の学校ならあり得ない、そもそも本来ならかからないお金。学費だ、教材費だ、寄付金だ……それらを頑張って払ってくれていた。親も親で悔しかったに違いない。何のために、高いお金を払ってきたんや……何のために。

ただ、その時の僕は、まったくそういうことに考えが至らなかったというか、価値を見いだせなかった。

そもそも父は昔から、「下を見るな」とか「克己心」とか、強い心と体を作るためにマラソンするとか、冬場の寒布摩擦、風呂に入ると最後の締めは冷たい水をかぶるとか、とにかく、そういうスパルタな感じを好んで僕ら三人の兄弟を教育していた。

そういうノリに、僕の兄、つまりは、我が家の長男は、いつも反撥して父と喧嘩をしていた。

兄は、近所のスーパーで万引きをしたり、学校で喧嘩して誰かを怪我させたり、当時のベタな不良の格好、ボンタンを穿いてそり込みを入れたり、世間並みにぐれたりしていた。

今考えると、そんなに不良でもないのだが、ある時兄の部屋に入ると、部屋中に「ベロのシール」が山ほど貼ってあった。

ローリング・ストーンズを知らなかった僕は、兄が何かの組織にでも入ったのかと思い一人震えたものだ。

とにかく、そんな兄は、実際、近所での我が家の評判を随分と下げ、そういうことで荒れた家を僕が立て直したという変な自負があった。

父は「獅子は我が子を千尋の谷に突き落とし、自力で這い上がって来た子だけを育てる」みたいな考え方がお気に入りだった。

実際、そのまんまのこの言葉を口に出したこともある。

それを聞きながら、僕はおかしいと思ったものだ。

そもそも、その父自体がこの社会において、ちっともライオンでもなんでもないわけで、ならばその息子がライオンであるはずがない。自分のことをライオンだと思っているのかと、

「よ～恥ずかしげもなく言うなー……」と呆れていた。

確かに父は、自分の言葉通り、いつも上を向いていた。悪い意味で。

よく夕飯のときなどに、自分より年下の人間がドンドン出世していくことについて、

「あいつは、仕事全然できへんのになんでや！」などとよく愚痴っていた。役所の

中では、能力とは関係なしに、学歴重視で出世していく、そんなこともあったのだろう。

それだけに、父は、自分が「高卒」であるということを、結構コンプレックスに感じているのだと、僕は常々思っていた。自分の息子が、私立の進学校に通っているという事実は、思っていた以上に父の拠り所になっていたのかもしれなかった。

普通の子供なら欲しがる様々なものも欲しがらず、いつも優等生でいて、ご近所に羨ましがられるような、褒められるような、そんな「山田さんの家」にしたのは僕だと思っていた。実際、両親もそれなりに自慢もして、気分も良かったのは間違いない。

とにかく、正直、僕の中では、この家族に対して大きな「貸し」があるという感覚があった。

それがである。

今まで遅刻をしたこともなく、皆勤賞で頑張ってきた息子が、たった一度、はじめて「休みたい」と言った途端にこの有様である。今までの、僕なりの努力は何だったのか？　こんなあっさりか？

とにかく、例の父のドロップキックで、それまで僕と学校、あるいは世間を繋いでいた細い細い最後の糸が、プチーンと切れた。そういう仕打ちをされたことで、引きこもることの正当性を獲得した気がしたのだ。ある種の被害者心理と言おうか。なので僕の読みとしては、「学校に行かない宣言」から、しばらくは考える期間、猶予があるだろうと考えていた。

しかし、結論から言うとなかった。

大人になって思うが、明らかに両親はそういう事態への対処法が下手だった。魚がジッとして動かないと水槽をバンバン叩くタイプだった。

第2話 ヒキコモ・ライフスタイル

引きこもりになって、最初の約二年間は、実家で引きこもっていた。先に簡単に説明しておくと、僕は、色々な場所で引きこもっている。

まず、実家での引きこもり生活の後、今度は、実家から少し離れたアパートで一人暮らしで引きこもり、その後、瀬戸内のとある島で引きこもり、その後、再び実家に帰って引きこもり、大検（大学入学資格検定）を受け、大学に行く……そういう行程である。場所は変われど引きこもっているので、刑務所を転々と移送されているようなものだ。

それはさておき、引きこもり生活突入、その初日、「父のドロップキック」から始まったわけだが、その後、いつまでたっても「夏休みの宿題」を片付けて学校に復帰する様子が僕に見られなかったため、両親、特に父との戦いの日々が始まる。

父は毎朝、なんとか僕をベッドから引きずり出そうとやって来る。

僕は僕で、とにかく、父が役所に出勤するために家を出る、その時間まで耐えればその日は学校に行かなくて済むということで、毎日抵抗していた。母だけになれば、「力ずくで」ということはない。

ただ、そうなると、次は母の嫌み攻撃が始まる。別に彼女が嫌いというわけではないが、うちの母はねちねち嫌みを言うことに非常に長けていた。後に、父が浮気に走ったのも子供心に僕は分かる気がしたものだ。

父との戦いをしのぎ、朝飯にありつこうと階下に降りて行くと、早速母が、「え〜ご身分やね〜！　高い授業料払てんのに学校も行かんと何様なん？」子供だからといって、まったく手加減のない嫌み。全力投球の皮肉である。我が母ながら、これはもう素晴らしい。ある意味対等の相手と見なしてくれている。

夕方、父が仕事から帰ってくると、また、「もう知らん！　親の言うこと聞けんヤツは、今すぐうちから出て行け！」。父の方がワンパターンで、いなすのは楽だった。時には、あからさまに僕の分だけご飯が食卓に並ばないという「兵糧攻め」をされたり、色々とあったが、数週間もすると落ち着いてきた。

というのも、その辺の期間は、まだ学校に籍を置いていたので、親も、しばらくほっとけば、また僕が学校に復帰するだろうという希望を持っていた、というか十中八九そうなると踏んでいたのだろう。

もうひとつは、親が、担任の先生なんかにも相談して、登校拒否や、その辺のことについて、キチンとアドバイスがあったのもよかった。

後々親に聞くと、僕は知らなかったのだが、そういう「登校拒否児童」を持つ親の集まりなんかにも何度か参加していたらしい。

とにかく、しばらくは静観してみましょうということになったようだ。

そんなわけで、一度しばらく休むからと、親とも話し合ってからは毎朝の父との格闘はなくなった。

それが良かったのか悪かったのかは分からないが、とにかく、表向き、そこまで追い込まれるようなこともなかった。

が、僕は性来気遣いなところがあり、確かに今の立場上、これまでと同じように大手を振って家を歩き回るなんてことはできないなと思った。自然と、家族を避けるようになる。

家族の方も、暗黙の了解で、僕が台所にいる時は、家族はいないという風に、互いに絶妙の距離感、間合いで暮らしていた。

そこまでの人生において、こんなに学校を休むことがなかったので、最初のうちはとんでもない罪悪感に襲われたが、それでじゃあ学校に行く気になるかといえばそんなことはなかった。

第3話

昼夜逆転の生活

ずるずる休んで、しばらくすると、引きこもりのライフスタイルが固まってくる。

基本、昼夜逆転の生活である。

用事がある時以外は二階にある自分の部屋からは一歩も出ない。部屋を出るのは風呂、トイレ、飯の時くらいで、あとはずっと自分の部屋である。

家族が寝静まった頃、そっと階下に行き、まずは食料の物色である。特に、そうされていたわけではないのだが、家族と食卓を囲むのが気まずかったので、極力ご飯は一人で食べていた。冷蔵庫や、戸棚を漁り、食べ物を確保する。

そしてテレビのある部屋に行き、朝まで、家族が起きて来る時間まで徹夜でテレビを見て過ごす。

調子のいい日は、ジョギングなんかもした。深夜の二時とかにだが。田舎のベッドタウンでのこと、そんな時間に人通りはまったくない。たまにあったが、そういう時は物陰に隠れてやり過ごした。

対人恐怖症の気があった。

この生活の中で岩崎恭子選手のオリンピックなんかも見たのだが、特に何かのきっかけにはならなかった。同世代の人間が金メダルを取って、それを自分の境遇と比べて、精神的苦痛を覚えただけだった。

家族が朝起きて来ると、食べ物を持って自分の部屋に戻り、寝る。昼過ぎに起きて来て、なにをするでもなく、本を読んだりしながら過ごす。

ルーティンを乗り越えて、見事勉強に辿り着けた日は、ちょっと頑張って勉強をする。

あとは筋トレ。若いのに引きこもっているものだから、ストレスが溜まる。父の部屋に転がっていたダンベルで体を鍛える。調子が良ければ、両親の小言を聞きながら一緒に夕ご飯を食べる。消化にはすこぶる悪いが致し方ない。我慢のしどころである。

そして、風呂に入り、また部屋に戻る。

そんな生活だから、僕はドンドン太っていった。

その頃、僕は、段々と服を着なくなった。もちろん家の中でのことだが。金持ちセレブキャラのなんとか姉妹が、「うちでは裸ですの」と言ってるのとはわけが違う。ぶくぶく太ってきて、今まで着ていた服のサイズが合わなくなってきたこともあって、服の締め付け感がとてつもなく嫌になり、パンツ一枚残して、素っ裸で生活するようになる。

もうこれは「奇人」である。

毎日、学校に行かない太った中学生が家の中を裸同然のパンツ一丁姿でうろうろする。さぞかし家族も気が滅入ったに違いない。

たまに、二階の自分の部屋の窓から屋根に出て、日光浴を楽しんだりもした。ずっと家の中にいて、全く日に当たらないので、僕は太ると同時に真っ白になっていた。白豚である。

今までスポーツも部活なんかでしっかりやり、引き締まって、日に焼けた風貌だったので、その時の自分の醜い姿に耐えられなかった。少しでも改善したかったのだ。

自分の計算では、屋根の上に寝転がると、ちょうど周りから死角になっていて安心だと思っていたのだが、どうも何軒かのお宅からは、パンツ一枚の男が屋根に寝っ転がって日光浴している様が丸見えだったらしく、しばらくすると、回覧板が回ってきて、「下着姿で屋根に寝そべるのをやめましょう」という回覧板史上初の注意が書いてあった。完全にうちのこと、というか僕のことである。町内にそんなお宅が何軒もあるはずがない。

第4話

悲しき望遠鏡

そのうち、両親が激怒して、屋根での日光浴はできなくなった。

二階の自分の部屋の窓から、昼間や夕方、通りを眺めるのも日課になっていた。基本的に「雨戸」を閉め切って生活していたのだが、通りに面した窓だけは、横にスライドするタイプの雨戸を細く細くあけて、そこから外の世界を観察していた。

家の前の道は、丁度通学路になっていて、登校したり下校したりする子供達、小学生、中学生、高校生、いろんな学生を見ることができた。

もちろん、近所で顔見知りの人間や、小学校時代に仲の良かった友達も通る。

それを見ながら、「ああ、あいつ真っ黒に日焼けして！　海でも行ったか？　部活頑張ってるのかな？」とか、「うわっ、あの子えらい背伸びたな〜！」とか、時には、中学生の男の子と女の子のカップルが歩いていて、「あいつら付き合ってんのか？」などと、自分に関係ないことで、胸をときめかせたりもした。

ある意味、「神の目線」である。

が、そういう観察は、結局のところ、「それに比べて自分は……」という、「ブーメラン」と化して自分に返ってくる。それがまた精神的に辛かった。

それでも外を見ることを、それが今や、世界との最後のつながりだったので、やめることができなかった僕は、さらに歩みを進める。

小学校五年生の時に親に買って貰った、僕の持っている唯一の高額商品、「天体望遠鏡」を使っての観察を始めたのである。それは、物をまったく買って貰わなかった自分にとって、唯一の誕生日プレゼントらしいプレゼントだった。といっても二万円もしないくらいの簡易的なものだったと思うが。

なぜ望遠鏡を買って貰えたかというと、それもやはり、勉強というか、宇宙に興味がある的な、「教育」に関係するものだったからだ。

買ってもらった当初は、月のクレーターや、小さくしか見えなかったが、土星の輪っかなどを見て、それなりに感動した。ゆくゆくは、天文学者か宇宙飛行士になろうなどと、ボンヤリと思ったものだ。

しかしかつては、高く天を仰ぎ、数々の宇宙の神秘を見せてくれていたその一メートル弱の望遠鏡は、今や、その持ち主である僕と同じく、うなだれ、うつむき、下を向いて家の前の通りばかりをのぞいていた。

以来、その望遠鏡は二度と空を見上げることはなかった。

例によって、ほどなく、ご近所からクレームが来て、またまた激怒した父に、望遠鏡の三脚の部分、アルミ製か何かだったと思うが、それを怒りにまかせてクニョンクニョンに曲げられ、僕の観察生活も幕を閉じる。

そんな毎日を二年も続けたのだ。

それらの出来事が町内での僕の「奇人」感をまたさらに加速させた。

近所のおばちゃん達は、本当に噂好きな品のない人達ばかりで、まあ、あくまで僕の偏見ではあるが、しかし、引きこもっている中、よく母から、「○○さんに嫌み言われたわ！　恥ずかしいわ〜！」みたいなことも言われていたのでそれは間違いない。ああいう人間がワイドショーの視聴率を支えている。

とにかく、中学受験の時、町内にビラを撒かれたほどの神童だった僕は、今では近所でも噂の「鼻つまみ者」「変人」、もっとはっきり言えば、「勉強し過ぎて頭がおかしくなった子」になっていた。

今なら、ゴシップツール、ＳＮＳが発達しているから情報としてはもっと拡散され、そのスピードも早かったろうが、当時はそんなものはない。ないが、その代わり、お互いの顔が見える、血の通った悪口がメンタルの急所を狙ってくるのである。その方がしんどい。

母親は、僕の引きこもりを機に明らかに近所付き合いが減っていた。何か色々言われたのだろう。かわいそうなことをした。

とにかく、僕の変化のギャップ、ビフォーアフターが、凄過ぎて周りがついてこれなかったのだろう。絵に描いた様な転落ドラマである。おばちゃんたちの気持ちも分からないでもない。

人は自分が頑張って絶対的に幸せになるより、他人の不幸で相対的に幸せ感を得る方がお手軽だし好きなのである。

変化について行けてないのは何も周りだけではなかった。自分もである。

「本当の自分はこんなんじゃない！　これは仮の姿だ！」とベタな逃避思考に陥っていた。

というのも、学校に行かず、家に引きこもり、そんな生活の中ぶくぶく太って、日に当たらないから真っ白で、「白豚」みたいになってはいたが、例の神童感というか、それまでのプライドを捨てきれないでいたので、自分が頭の中で思っている自分と、鏡に写る姿形や世間からの評価と、凄まじい乖離《かいり》が生じていた。

言うなれば、着ぐるみを着ているような感覚。

これを脱いだら、あの「優秀な山田君」にすぐなれるけど、別に今は、あえてこれを脱がないだけなのだ。みんなアホやな～背中にチャックがあるでしょう……中の人は俺やのに……山田君は相変わらずここにいますよと。

六甲学院の友人や何人かの先生も、引きこもり始めて最初のうちは、何度か僕の様子を見に来てくれたりしていた。

我が家は、学校や、彼らの自宅からはかなり遠い。にもかかわらず、わざわざ来てくれたのだから、あの人達は、本当に僕を心配してくれていた友人であり恩師だったに違いない。

しかし、当時の僕は、「なんや？　あわれな同級生の見舞いに来て点とりか？」とか、「あーあー、来てどうすんの？　迷惑やわー！　笑いに来たか？」とか「そもそも、俺のこの現状を、何とかできると思ってる時点でおこがましいわ！」とか思っていた。なかなかのクズである。

所詮、自分ではない、本人ではない、他人に分かるはずもない……そう思ってすべてをシャットアウトしていたのである

第5話 人生が余ってしまった

この二年の間に、苦し紛れに高校受験もしてみた。ウンコの件もあって、六甲学院

にはもう戻りたくなかった。

しかし、ここでも中途半端なプライド、神童感が邪魔をする。

本当に、滑稽な話だが、「かつてビラを町中に撒かれた自分が、下手な高校は受けられへん！」という、妙な気持ちが湧きおこり、引きこもっている最中、地元の公立の進学校と、高知県の名門私立を受けてみたが、何にも勉強していないので当然落ちた。

高知県の私立にいたっては、出かけたものの、結局試験も受けずに逃げて、ホテルでペイチャンネルを見て、カツオのたたきを食って帰って来ただけである。返す返すもクズである。

高校受験に失敗し、留年して六甲学院に籍を置かせてもらい、中学三年生を二回やった後、といっても学校には行かなかったのだが、結局学校をやめた。

晴れて、中卒になったわけだ。

もはや、自分の人生が何が何だか分からない状態で、「なんか人生が大分あまってしまったな～……」という心境だった。それまではまだ、中学に在籍していることで、親からのプレッシャーをゆるめ、なんとか実家で何もせずに引きこもれていたのだが、もうそういうわけにもいかなくなった。

「働かざる者食うべからず」ということで、バイトを始めた。

もちろん、外に出て人目に晒されるのはとてつもない苦痛ではあったが、父の言うことは絶対だった。

僕は、「ハイハイ、そのパターンね！　アホやなー……厳しいのがええと思ってるんやろけど、それは俺の性格には合わへんからな！　ゆったりさせてくれたら俺はちゃんとやるのに……」とか思っていた。本当にタチが悪い。


バイトをしていて、まず辛かったのが音楽である。

僕が働いていたコンビニでは、営業時間中、延々とひっきりなしに、ノンストップで「有線」が流れていた。チャンネルの都合なのか分からないが、その有線では、当時のヒット曲がガンガン流れてくる。若者に向けての、恋愛ソングや、ポジティブなメッセージが込められたヒット曲の数々……これが辛い。ポジティブなメッセージの押しつけがひどいのである。

こちらの状況などお構いなしに、「前向き」を押し付けてくるからたまらない。すべての人間に三河武士のような生き様を強要してくる。そもそもこちらは後ろを向いているのだから、背中越しに声をかけられるとびっくりするのである。

引きこもっている人間には、その手の歌はもはや「説教」にしか聞こえない。彼らも彼らで、そういう能天気な資質をもともと持っている人間なのか、あるいは業界の、大人の諸事情があるのかは知らないが、メッセージを込めずにいられない。

引きこもりという、人生を立ち止まった人間に、それらの歌はメッセージのカロリーが高すぎるのである。刺激が強過ぎるのである。

本当にしんどい人間は、歌も聞けない。胃が受け付けない。お粥みたいな歌が必要だ。

バイトを終えて帰る頃には、自分はなんて無価値な人間なんだ、みんなが普通にやっていることがなんでできてないんだ、なんでこんなドツボにハマってるんだ、と自己嫌悪の怪物になる。

自転車で我が家から五分くらいのコンビニだった。家から近いということでそこを選んだのだが、それがまずかった。小学校時代の友達、顔見知りが店を訪れる危険性があった。案の定、程なく僕は彼らに発見される。

そもそも、中学に入った時点でそれまでの地元での人間関係は消滅していたが、小さな町のこと、僕が六甲学院中学に入り、何故か留年し、今自宅で奇人と化していることなんかは、みんな知っていたはずだ。主婦たちの無責任な伝言リレーによって、尾びれ背びれが付き、最後に聞いた人間は一体どんな話を小耳にはさんでいたのか……考えるだけでもぞっとする。あくまで自分の妄想だが、当たらずとも遠からずといったところだろう。

何の準備も武装もしないまま、無理矢理社会に出され、毎日緊張状態であったが、一緒に働いていた人が、最近この町に引っ越して来た、ご近所事情をよく知らないおばちゃんだったので、特に根掘り葉掘り聞かれることもなく、僕にとってはそれがありがたかった。

大変だったのは、夕方。

大体お昼前から、夕方過ぎまで働いたが、その時間になると、近所の高校の生徒達が、そのコンビニを訪れる。家の近所ということは、その生徒達の中には、当然知り合いもいて、小学校の時の同級生なんかにもよく会った。

最初のうちは、その時間を在庫の整理に当てたりして、裏に回って隠れてしのいでいたが、毎日そんなこともできない。おばちゃんだけに接客を押し付け、負担もかけられない。

ある日、雑誌コーナーで、本の整理をしていると、

「やまっち!?　やまっちやろ?」と声を掛けられた。

見ると、そのコンビニに近い、公立高校の制服を着た男が立っている。

「久しぶりやなー!　えっ?　何してんの?」

申し訳ないが、誰だかまったく分からなかった。分からなかったが、僕のことを「やまっち」と呼ぶのは、小学校の同級生だけだ。

そんな僕の怪訝な雰囲気を察したのか、気まずさからなのか分からないが、彼は矢継ぎ早に、小学校の時、同じクラスだった○○だ、運動会の時ああだったこうだったなどと、大量のヒントを与えてくれたのだが、分からなかった。

何より僕は、今の、こんな状況を大変惨めに思っていたので、それを見られた、見つかったことに、体が震えてくるほどの恥ずかしさを感じ、何も答えられなかった。

屈辱である。なんとなく、小学校時代の友人だとは分かったが、名前も何も思い出せ

なかった。明らかに当時の僕がエキストラに分類していたであろう男だ。

そもそも、僕は六甲学院中学に行ってからというもの、小学校時代の知り合い、友人とは縁を切っていた。縁を切るというか、そこまで能動的にではないが、そもそも会う機会がなかったし、たまに学校の帰り道、地元の駅から家に向かって歩いていると、知っている顔とすれ違うこともあったが、僕は例の神童感があったので、向こうの視線は感じていても、こちらから話しかけることもなかった。向こうも見たことのない制服を着ている僕を、半ば畏怖の気持ちを持っていたのか、遠目で見て来るだけで話しかけて来なかった。僕の妄想だが。

たまたま話をすることがあっても、何か鼻持ちならない返しをしていたに違いない。因果応報。

向こうは部活の帰りなのか、大きなスポーツバッグを肩からぶら下げていた。普通にいろいろ経験し、普通に大人になっていっている、そんな感じの普通の人間だった。しかし、その普通がその時の僕には、言うなれば「東大生」くらいの高みに感じられた。

外を見ると、彼と同じ制服を着た、同じ高校の生徒であろう、数人の男女がこちらを見ながらニヤニヤしていた。

　やられた。

　こいつは、勇敢な偵察隊というわけだ。おそらく、誰かが僕がこのコンビニで働いているのを見つけたか、誰かの親が気がついたのかそれは分からないが、とにかく嗅ぎつけて、物見遊山気分で見学に来たのである。小さな町のこと、退屈な田舎にあって、身近な人間のスパイシーな転落ドラマ。

　偵察の男は、少しでも自軍に有益な情報を持ち帰ろうと、尋問を続けてくる。

「やまっち、なんかめっちゃカシコイとこ行ったんやろ？　あれ？　なんでこんなとこおんの？　学校は？」

　明らかに、多少なりとも予習してきた感じがあった。完全に知ってて聞いて来ている。

　学校や、それぞれの家の夕飯時などに、ゴシップネタとして喋られていたに違いない。山田さんちはボロボロだ。それに比べりゃ、うちは上手くいっている、安心安心、お母さんご飯お代わり！……である。

　何か言い返さなければ。家族全員が屈辱を浴びている、そんな気持ちになっていた。僕が何か言わないと。

腹も立っていた。

こっちはお前のことなど覚えてもいないのだ。

「くそっ！　世が世ならお前らみたいなモンにそんな口利かれる筋合いないいんじゃ！」

まあ、当時の状況に鑑みて、大目に見てもらいたい。

「これはあくまで、世をしのぶ仮の姿だ。暴れん坊将軍とか、遠山の金さんとか水戸黄門とか、そんな感じなんや！」と思っていた。本気で例の着ぐるみを脱げたら……強くそう思った。

そうでも思わなければやってられなかったというのもある。この、思い込みの逃げ道がなければ、本当の話、死んでいたかもしれない。

とにかく、屈辱だった。かつて、絶対に、自分の方が学校の成績も運動も何もかも上だったはずである。そんなヤツにこんな生意気な口を利かれるなんて、全て知った上で見透かされた目で観察されるなんて、本来あってはならない。

僕が何とか絞り出した答えはこうだった。

「いや〜……実は、もう勉強全部終わっててん！　だから暇やからバイトしててんねん！」

勉強全部終わってん……意味が分からない。怖い。もし自分がこれを言われたら恐怖すら感じる。

自分としては、勉強の進むスピードが速過ぎて、すでに君たちより先にすべて学び終えたのだよ！　という「かまし」だったのが、彼の顔を見ると、意味が分からずドン引きしている表情と、こいつ嘘ついてるわの表情がないまぜになった、要するに、痛いヤツを見る目になっていた。失敗した。

翌日から、定期的に僕と同年代の高校生達が、僕を見学に来て、遠巻きに眺めてはクスクス笑うということが続いた。ちょっとした観光スポットになっていた。

おまけに、主婦の二人連れみたいな客もよく来て、こちらをチラチラ盗み見るようなことも頻発した。

店の売り上げに貢献していたかもしれないと思えるほど、僕目当ての客が増えた。

そんな状況が続いて、屈辱に耐え切れなくなった僕はバイトをやめた。

親には、「ほんま続かんね〜！　情けない！」、「もう学校も行ってないねんぞ？

働け！　お前みたいなもんに飯食わせる義理ない！」などと言われたが、その時も、「こんなに優秀な俺に、ただただ働けて……もったいないと思わんのか？　この才能を！……アホやな～……」とか思っていた。タチが悪い。

結局、しばらくして、実家から少し離れた隣町で一人暮らしをすることになった。この頃になると、母がもう僕と一緒にいることに耐え切れなくなったようで、とにかく家を出て行ってくれと懇願されたのだ。

唯一の救いは、そのアパートの近所のコンビニならバイトしていてもめったに知り合いに会わないということだけだった。

第6話 愛人の味

アパート暮らしが始まる少し前、実家で引きこもっていた頃。一人暮らしをする直前だったろうか。家族で夕ご飯を食べていると、電話がかかってくる。

「順三とってー」

一番電話に近い僕に母が言ってくる。

この時期は、苦し紛れに高校受験をするということで、家族で食卓を囲むことを許されていた。

「もしもし？　山田ですけど？」

受話器の向こうからは何も聞こえない。間違い電話かと思い切ろうとすると、突然、音楽が流れてくる。当時流行っていたドラマの主題歌のCDだろうか。それがしばらく流れた後、電話は向こうから唐突に切れる。

そんな不可解な電話が狙ってなのか、必ず食事時にかかってくる。それが何日か続いた。

怪訝に思った母に問い詰められ、父はあっさり白状することになる。僕は知らなかったが、これまた電話で、母に直接、女性からの宣戦布告もあったようだ。その後、いろんな食べ物や飲み物が我が家の茶の間の宙を飛びかい、怒号に満たされたがよく覚えていない。電話は父の浮気相手からの攻撃だったのだろうが、そうなると、父とその女は、普段、「カーンチ♥」とか言って『東京ラブストーリー』ごっこをしていたのか？　そう考えると笑えてくる。

とにもかくにも、この件で、浮気がばれて以降、父はしばらく車で寝る生活になり、父の権威はダダ下がり、我が家は崩壊へと向かっていく。

母が趣味で作っていた、紙粘土の人形の首がすべてなくなっているという恐ろしい事件も起った。母本人の仕業だが。諸々の腹いせにもいだのだろう。

ある日、台所に行くと、母が鍋で何か煮ていた。肩越しにそれを覗き込むと、白い丸いものが大量に浮かんでいたので、僕は反射的に、「人形の首を煮てる!!」と思い、ゾッとしたが、よく見ると卓球の凹んだボールを煮てポコンポコンと直していただけだった。

母は趣味でずっと卓球をしていた。

その時は、それで安心したのだが、後日、また父との壮大な喧嘩が始まり、そこで母が「それならあたしも卓球教室の先生と浮気してやるわ！」と叫んでいるのを聞いて、再びゾッとした。

バイトしていると言っても、それ以外の時間はずっと家に閉じこもり、上手くやればバイト先の店長にしか会わなくて済むような生活であった。住んでいたアパートはボロボロで、加えて田舎のこと、家賃も自分がバイト代で払えるくらいの物件であった。

今頃、父や母や弟は、家であったかいご飯を食べているだろうか、同年代の子達は、楽しく毎日を送っているんだろうな……などと考えると、自然と涙がしみ出してくる。そして、随分「余ってしまった」自分の人生の敗戦処理など考え始めるともう駄目であった。

もう勝ち負けの決まった終わったゲームを続けなければならない理由などないのである。将棋でも、何手も先を読んで、潔く早々に「まいりました」をするではないか。一回表で30対0で負けてるのに、最後までモチベーション高く試合ができるだろうか。否である。

時々、父が様子を見に来た。母は一度も来なかった。

父はよく、一人暮らしでちゃんと食べているか心配してくれていたのか、何かしら手料理を持ってやって来た。容器に入ったそれらの料理をつまみながら、父はこれからどうするのか？　社会は厳しいんやぞなどと、通り一遍の説教をし、僕はそれを聞いているふりをするという不毛な食事であった。

父は料理などできなかったので、その容器の手料理の数々は、当然母が作ったものであろう、やはりなんだかんだ実際に来なくても、こういう形で心配してくれて、料理を作り、息子の体のことを考えてくれているんだと思うと、ありがたかった。

僕は当時、肉じゃがが大好物で、さすが母である、容器にはよく肉じゃがが入っていた。家で食べたものより美味しく感じた。離れてこそ分かる味、今のこの環境も影響しているのだろう。これこそがおふくろの味だ。そう思った。

ある日、父がアパートにやって来た。見ると、父の後ろに女性が立っている。

「えっ？　誰？」

聞くと、何やらおどおどしながら、これこれこうで、会社の部下の〇〇さんだ、みたいな説明をしてくる。

後ろの女性も、父の説明にうなずきながら、一通りそれが終わると、

「順三君？　はじめまして〇〇です……これよかったら食べて！」

そう言って差し出した、「容器」に見覚えがあった。

開けると、案の定、肉じゃがが入っていた。

「……マジか？」

一応念のために、指でとって少し食べてみる。

「マジか？」二回目。

父が差し入れで持って来ていた、何度かこのアパートで食べたことのある味だった。

やりやがった。

いや、別に母に対する義理立てなどではない。そんな正義感などハナから持ち合わせていない。

ただただ、まんまとつかまされた感じと言うか、舐められてる感じというか、父が今この瞬間、僕の目の前で女に対してちょっと照れてる感じというか、関西で言うところのちょっと「いきってる（いきがってる）」感じというか、それらのことが総合的に「ムカついた」ので、それと分かるやいなや、ダダーッと走って便所まで行き、ドアを開け、

「こんなもん食えるかー！」と、容器の中身を和式の便所に叩きつけ、足でレバーをグイッと踏みつけ、水に流してやったのだ。

ボロアパートの、貧相な勢いの水流にじわじわと流されていく肉じゃがだったもの。水流によって各素材に分解されていく、その肉じゃがを見ながら、細かく砕いたピーナッツらしきものが目に入り、

「あっ、あの、そこはかとない香ばしさの秘密はこれ!?」

などと場違いな食レポを心の中でやりつつ、しかし、次の瞬間、料理上手な父の愛人の叫びで我に返った。

「なによこれ!! ひどい!!」

傷ついた上司兼彼氏の息子さんを、わざわざ慰めに来た自分が、ここまで盛大に拒絶されると思っていなかったのか。人間は、勝手なもので善意は拒絶されないと思い込んでいる。今回のような圧倒的に善人ポジションが獲れる案件、まさかそれで、この仕打ち。気の毒なことをした。彼女は悪くない。まあ、ちょっとは悪いが……。

とにかくショックを受けた女は、ボロアパートを飛び出していった。幾分か胸がスッとした僕は、さあ、父の弁明でも聞こうかと、彼の方を見やったその瞬間、父は女の名前を叫びながら、彼女を追いかけてアパートを飛び出していった。

「マジか!!」三回目。

とにかく僕が「おふくろの味」だと思っていたのは、「愛人の味」だった。

しかし、この一連の父の浮気の件は僕にとって好材料となった。当然のことだが、それまで家で肩身が狭かったのだが、この浮気の件を上手く使って立ちまわったのだ。

ある時は、親父の味方をし、「分かるよ！　あんなにおとんをないがしろにしてたら、そりゃ、浮気もしたなるわ！　なあ？　一生懸命働いてくれてんのに!!」と言って父の肩を持つ。

ある時は母の側に立って、「こんな大変な時に、あれはないわなー!!　大体、不潔やわー!!」などと言い母の肩を持つ。

そもそも我が家が大変なのは僕のせいなのだが、緊急事態でどちらも味方が欲しい。好都合だった。コウモリのようにあっちへこっちへ行きながら、自分の家でのポジションを確保する。

学校を完全にやめた、十六歳あたりから、しばらくの間、この手でしのいだ。が、そんなことも長くは続かない。彼らも大人だ。気付く。

特に母は、もう何もかもに疲れたようで、家に僕がいるのをとにかく清算したかったようだ。前述の通り、僕はアパートで一人暮らしとなるのである。

第7話

島で引きこもり

瀬戸内海のとある小島で、アパート暮らしをしながら引きこもっていた時期もあった。広島県の尾道、そこから船に乗って渡るような、そんな島だった。僕は、「とうとう島流しか……」と思った。

実家からこの「島」に行くことになった時、その時、僕は一人暮らしのアパートを出て、再び一瞬実家に戻っていたのだが、やはり母が嫌がり、強硬に拒絶されていた。

僕がその「島」に行かないのなら、弟を連れて母が家を出て行くと言いだした。そもそも、その島には父が転勤で行くことになっていたのだ。母が言った。

「どうすんの？　お父さんも出て行く、お母さんたちも出て行く、一人でどうすんの？」

そう言われた時、

「いやいや、えげつない追い詰め方してくるな～……なりふりかまわずかいな!!かわいないいんか息子が!!」と自分のことは棚に上げて思っていたが、結局、僕は島に渡った。

とりあえず、父にくっついていれば、食いっぱぐれることはないだろう。そう思ったのだ。

しかし、島での生活は、今まで以上に何もすることがない。何よりしんどいのが父と二人っきりだということ。

そもそもなぜ父は島に行くことになったのか？　おそらく「例の件」で、左遷されたのだと思う。父の職場が近く、社宅のアパートみたいなところだった。

要するに、母は、浮気がばれ、大事になって職場と家に居場所を失った父と、いつまでたっても引きこもりから脱出できない息子をセット価格で売り払ったのだ。彼女も、もうどうしようもなかったのだろう。とにかく、家から出て行って欲しい。視界から消えて欲しい。その一念だったに違いない。

父と二人きりの晩飯。

お互いすねに傷を持つ身、仲良くやれるかとも思ったが、まあ、気づまりな毎日だった。どうも父は、「なんで俺が面倒見なアカンねん!!」と思っていたようだ。

そこで初めて、僕は父と、いや両親と、「公的」な付き合いしかしてこなかったことに気付く。変な話だが、心底腹を割って、家族として話したことがなかった。プライベートの付き合いを親とできていなかった。

よくよく考えなくても分かることだが、子供とは勝手なもので、親にも人生があるということを忘れている。子供は親を、もう「終わっている存在」と思いがちだが、彼らにもまだまだ大事な人生があるのだ。

引きこもって何もしてない男と、浮気がばれて左遷された男。

窒息しそうな空間。実際呼吸の回数も減っていただろう。いつも酸欠気味だったに違いない。

父がいない間はやることもないので、島中を散歩して過ごした。自分がこうやって散歩している間に、毎分毎秒、同年代に遅れをとっているんだ……そんな焦燥感にとらわれながら、でも現実どうしようもない、動かしようがない、そんな心境で歩いていた。

それに飽きると、船に乗って本土の方に行き、映画を観たりした。

お金はまったくなかったが、ここでもコンビニでバイトしていたので、そのお金で観た。ここでのバイトは知り合いが全くいないので、かつてのそれよりは精神的には楽だった。

引きこもり始めて、いろいろあったが、もう完全に俺の人生は終わった……そう思っていた。少なくとも、最初望んでいたような人生はもう無理だ。人生に復帰できない。絶望を噛みしめながら毎日を過ごしていた。加えてこの島の期間、振り返り、見つめ直し過ぎたせいで自分の人生がゲシュタルト崩壊を起こしたような感覚に陥り、すべてがよく分からない、手応えのないものになっていた。

第8話

成人式の焦り

そんなある日、何となくテレビを観ていたら、成人式のニュースをやっていた。記憶が定かではないが、僕の同級生か、その上くらいの成人式だったと思う。

晴れ着を着た若者達が、将来に向けてのしょうもない夢を語っているのを見ながら、そんなしょうもないことすら自分の人生にはもうないのだ、そんな風に思っていた。

僕は急激に焦りを覚えた。

「マズイ……成人はまずいぞ!!」

成人というワードが僕の心に刺さった。同級生がみんな大人になるのに何してんの？　これはマズイと。

それまでなんだかんだ言いながら、「俺はできる人間や！　大丈夫！　取り戻せる！」と自分を誤魔化す作業を続けて正気を保っていたが成人となるともう駄目だった。同級生が射程距離の外に羽ばたいて行ってしまう……そんな焦りを感じた。

人生の宿題がたまり過ぎて、さすがにもう取り返しがつかなくなるんじゃないかという恐怖。結局、原始人のように、人類の発展につきものの、この恐怖によってやっと僕は動きだす。

すぐに母に電話し、というのもこの頃には我が家の決定権はすべて母にあったからなのだが、「大検受けるから一回家に帰らしてくれ！　最後のお願いや！」と電話なのに土下座して頼み込んだ。

母も母でもう一度信じてみたかったのだろう。許してくれた。

かくして実家に戻った僕は、今度ばかりはと、例のルーティンワークに苦しめられながらも、猛勉強し、大検をとったのである。

勉強は、独学でやった。たしか13科目くらいとらなければ駄目で、普通は何年かかけて取得する。しかし、今まで逃げてきた分、僕にはもう何年もかけて取得する時間は残されていなかった。一発ですべての科目に合格しなければならず、悲壮な覚悟で挑んだ。なんとか合格した。

すぐさまセンター試験の準備である。

問題集を買って家で解き、ラジオ講座を聞いて勉強し、習っていない範囲は捨てて、センターの点数だけで行ける大学を探す。さすがにもう、「自分にふさわしい大学」とか言ってられなかった。

結果、愛媛大学の夜間コースに合格する。

やっと世間に戻ってこられた。シャバに出てこれた。そんな思いしかなかった。

センター試験を受けた数日後だったか。阪神・淡路大震災が起こった。

まだ早朝だった。

試験のため、昼夜逆転生活を改めていた僕は、まだ寝ていた。

突然、家全体が大きく揺れ始め、随分長い間、何度も揺れた。部屋の隅に置いてあった、学習机やカラーボックス、ありとあらゆる家具が、紙で作ったトントン相撲の力士のように部屋をうごめいた。

馬鹿なもので、地震などとは想像もつかず、瞬間的に、僕の頭の中には巨人が家を両手で掴んでゆさゆさしている映像が浮かび、恐怖で体が固まりなにもできなかった。ひとしきりして揺れがおさまった頃、階下に行くと家人は全員起き出していた。

といっても、母と弟だけだったが。父は島だった。

テレビを点けると、高速道路が倒れている映像が映っていた。

僕は、妙な高揚感を覚え、自転車に飛び乗り、昔バイトしていたコンビニまで見に行くと、棚の商品はすべて床に散乱していた。

本当に不謹慎な話だが、テンションが上がっていた。

僕はこの時、「これでリセットや!」と思っていた。被害状況が、テレビやラジオから伝わるにつれ、死者も沢山出て、家がなくなり、泣いている人々……それを見てなお、大変なことが起こったとは思いながらも、それよりも、これでリセットされて、自分の引きこもり生活でのマイナスがチャラになる……そんなことを考えていた。実際にはそんなことはありえないのだが。

とにかく、センター試験の点数だけで行けるところを選び、四国にある愛媛大学に入る。人に会いたくなかったので、入学式は出ず、登校初日に合わせて引越しをした。家から出て行って欲しかった親もこれで安心だろう。

第4章

大学での日々

第1話

松山

こうして、僕は四国の「愛媛大学法学部 夜間主コース」に入学することになった。中学生からいきなり大学生になったので、履歴書を書く時、ちょっと「アメリカの飛び級した天才少年」の雰囲気が出るので気に入っている。馬鹿だ。それに、特段「晴れて」という心境でもなかった。そもそも、「センター試験の点数だけで入れるところ」という条件だけで探した大学である。第二検索ワードは「どこでもいいから」だった。失礼な話だが。

その時の僕の唯一の目的は、この何年にも及んだ引きこもり生活にとにかく終止符を打つこと、それだけだったし、実際、今さら世間で言うところの有名大学に合格するような学力も、その力をつけるために努力する気力も時間も、なにもかもを持ち合わせていなかった。絶望的にまで追い詰められた自分の人生の現状に、さすがにもう「神童感」だのなんだの言ってられなかった。

まさに緊急避難的な受験である。

本当なら、「滑り止め」として他にも数校受験すべきなのだろうが、それすら精神的に「しんどい」状況だった。

センター試験が終わった段階で、すべての気力、体力を使い果たしていた。横綱なら即・引退会見を開いている。マークシートを塗り潰しただけで僕のゲージは空になった。

何年ぶりだろうか、人混みの中、長時間電車に乗り、大量の人間がひしめく会場で試験問題に取り組んだ。

この上さらに、二次試験や面接を受けるのは無理だった。

そんなわけだから、大学には、正直な話、何の思い入れもなかった。僕にとっての大学受験は、雪山で遭難しそうになったので、とりあえず「ビバーク」する。そういう意味合いしかなかったのである。

他のほとんどの新入学生にとって、「晴れの日」であろう入学式や、それにまつわるお祝いムード漂う行事、イベントはことごとくパスした。

とにかく、やれ「合格」だ、やれ「新生活のスタート！」だ、やれ「我がサークルにいらっしゃい！」だ、そういう、「おめでたい毒ガス」が、少しでも薄まってから行きたかった。

犯罪者のように、ほとぼりが冷めるまで待っていたのだ。

理由は簡単である。僕にとっては何もめでたくないからだ。

結局、実際に初めて大学に訪れたのは、「履修ガイダンス」からだった。これだけは、出席しておかないと、今後の大学生活に致命的な弊害が出ると言われていたからである。つまり僕は、本当に、その時まで、これから何年間か自分が通うことになるであろう大学に来たこともなければ、見たこともなかったのだ。正直、「受験概要」しか見てなかったので、校風も何もよく知らなかった。

いざ実際に来てみると、ガッカリした。

一体、何に洗脳されていたのか自分でも分からないが、大学といえば、キャンパス全体が、青々としたきれいな芝生で覆われていて、学生達が寝そべりながら談笑したり、勉強したりしている。白衣を着た理系の学生達は、何か小難しい研究のことで、激しい議論を交わしながら歩いている。かと思えば、キャンパスの片隅には、レンガ造りのチャペルがあって……などと、かなりビバリーヒルズ青春白書な大学像を思い描いていた。

しかし現実は古びた市役所みたいな外観、規模、雰囲気で、地面はアスファルトで、学生達は、ジャージ等の格好が多かった。大学に「住んでいる」ような部屋着感溢れるファッションセンス。「あれ？『じゃらん』の写真で見た時は、もっとお風呂も大きくてきれいだったのに……失敗した！」みたいなガッカリ感。今なら分かるが、地方の国立大学なんて大体そんなもんなのだ。大学の価値は、そこで何が学べるかであって、芝生でも、チャペルでも、お洒落な学生達でもない。実際、愛媛大学は、少し調べれば分かることだが、素晴らしい大学である。

ただちなみに、隣接する、私立の松山大学は、芝生もあり、食堂が「カフェ」で「テラス」があった。

第2話

愛大生の地位

松山へ引っ越す際は、父が来てくれた。「来てくれた」と言うより僕を「連行」して来たと言った方が良いかもしれない。

その証拠に、荷物を運び込み、あらかた部屋を片付け終わって、父が帰る時、「もう戻って来んでえーように頑張れよ！」と、刑務所の職員が出所する人間に言うような台詞が飛び出た。

父なりのエールだったのかも知れないし、悪気はなかったのだろう。だが、「頑張れよ！」と言ったその表情は、満面の笑みで、明らかにテンションが上がっていた。

母は来なかった。この頃になると、母はもう僕を見るのも嫌だという状態になっていた。実際、その後、今現在に至るまで、母には二、三回程度しか会っていない。

あれが、「清々した」時の人間の表情かと思った。両親にとって、僕が引きこもっていた期間は、それほどの生き地獄だったということだ。重ね重ね申し訳ないことをしたと思っている。さようなら。

さて、簡単にではあるが、改めて説明しておこう。

愛媛県松山市。

「道後温泉」で有名で、一説には、三千年の歴史を持つと言われている。西日本随一……とまではいかないが、著名な観光都市である。

街には、路面電車が走り、温泉街には人力車、街の中心には松山城があって、それをお堀が囲む。

松山城は町の真ん中の小高い山の上に建っている。その天守閣に行くには、ロープウェイがあるので便利だ。とにかく、日本酒なら「おっとっと……」と口から迎えに行かねばならないほどの情緒が溢れた地である。

「名産は何ですか？」と聞かれたら、「情緒」と答えたいくらいだ。

ちなみに、僕の母は、今治という町の出身で、僕も幼稚園か小学校低学年の頃に、何度か訪れたことがある。そういうこともなんとなくこの大学を選んだ理由かもしれない。

縁と言えば、縁ではある。

下宿に借りたのは1Kで三万円くらいだったか、風呂とトイレも別々でなかなかいい部屋だった。地方だとこんなもんだ。

仕送りもあったが微々たるもので、当然アルバイトをしないと生活できない。そのバイトの選択において、一度死んだはずの例の「神童感」、それに起因する妙なプライドが息を吹き返し、頭をもたげてきた。大検を取得し、なんとかギリギリ大学に潜り込めた。もちろん、中学生の頃思い描いていた有名大学ではない。言っちゃ悪いがしがない、地方大学である。当時の僕はそういう浅はかな考えに囚われていた。にもかかわらず、今度は、

「あんだけ何年も引きこもってたのに、俺……結局、大学入れてるやん!?　しかも国立やで?　やっぱり、俺、凄いんちゃうの!?」となっていた。

人間の自尊心とは、アスファルトに咲くタンポポのようになんとあさましく、たくましいのか。妥協の天才。そりゃ貴族とか言い出すわ。

ゾンビのように蘇ったプライドが、「誰でもできる単純労働」なんて自分には相応しくない……そう囁く。こいつは、この後何年も何年も苦労するので勘弁してやって

欲しい。また、そうでも思ってないと正気を保てなかったのだろう。結果、僕が選んだバイトは、家庭教師だった。求人情報の雑誌で見つけてすぐ履歴書を書いて面接に行った。あっさり合格して驚いた。

僕はそれまで知らなかったのだが、実は、この松山という土地における、愛媛大学の学生の地位は、「笑けてしまう」ほど高かったのだ。通称、「愛大生《あいだいせい》」の通り名で、松山市民の皆さんに親しまれていた。

松山では、愛大生は「賢い学校の子」として認知されていた。これが「国立大学」のブランドパワーなのか。とにかく、愛大生といえば、とても優秀な人材として、尊敬すらされているように感じたものである。そんな愛大生の僕なので、すんなり家庭教師のバイトも採用となったようだ。ちょっとした印籠《いんろう》である。

しかし、考えてみれば恐ろしい。つい昨日まで、何年間もガッツリ引きこもっていた人間が、今や家庭教師である。人様の子供に教える立場となったのである。

バイト先の会社から指示されたご家庭に、先生として向かう。指定された家は、僕の下宿から自転車で小一時間ほど走ったところにあった。僕は車の運転免許を持っていなかったので、移動の手段はもっぱら自転車だった。汗だくになりながら、なんとか指示された住所に辿り着いた。

第3話

家庭教師

そこは、松山市内からは、随分と離れた場所で、周りは田んぼと畑と山ばかりだった。そのTHE田舎の風景の中、違和感たっぷりに、洋風の立派な家が建っている……というか浮いている。おそらく、お金も手間もかかっているだろう。オーナーのこだわりが詰まった、素晴らしいお宅だ。だが、周りの風景にはまったく馴染んでおらず、ラブホテルにしか見えないのが残念だ。

それはさておき、呼び鈴を鳴らす。お洒落なお宅なのに、呼び鈴の音は、「ゴーーーーーー」というベタな電子音で、これにも拍子抜けしたのを今でもよく覚えている。

玄関のドアが開いて、上品で綺麗な女性が出て来た。三十代後半だろうか。これまた、田舎の風景となじまない、バッチリメイクに、今から銀座にお出かけよと言わんばかりの洋服。家といい、住んでいる女性といい、そんなにこの風景に馴染む気がないなら、ここに住まなきゃいいのにと思ったが、化粧と服は僕、というか、先生を迎えるためのものだと気付きその気持ちは引っこめる。

「あの、家庭教師で来ました、山田と言います」

「あ〜、お待ちしておりました〜、よろしくお願いいたします！」

僕が教えることになる子供の母親だろう。おそらく、当時の僕より十コぐらい年上の、綺麗な大人の女性が、まるで、本物の先生に対するように、うやうやしい態度を僕に向けてくる。

何年間も屈辱に苛まれ、カラカラに干上がってひび割れた僕のプライドに、恵みの雨が降って来た。ずっと給水所なしで走って来たマラソン。沁みる。ボーナスステージである。

家に招き入れられた僕は、差し出されたふわふわの馬鹿でかいスリッパを履き、足元だけ着ぐるみのキャラクターのようになりながら、これまた立派な応接間に通された。

ほどなく、一人の男の子を紹介された。彼女の息子、僕の生徒である。中学三年生の男の子だった。

よくよく考えれば、僕は中学二年生の夏に引きこもった。大学に入ったとはいえ、まだ数週間しかたっておらず、公式の学歴でいえば、すでにこの子の方が僕より上である。それは言わない方がいいだろう。

初対面で、彼の本領はまだ発揮されていないのだろう、もじもじしていたが、真っ黒に日焼けして、なかなか活発な感じの男の子だった。しばらく、母親と彼、そして僕と、三人でいろいろ話した後、「よろしくお願いいたします」とまたもや母親に丁寧に頭を下げられ、僕と彼の二人っきりとなった。

いきなり勉強を始めるのも味気ないなと思い、まずは雑談から入る。先程、母親を交えての会話にも出てきていたので聞いてみた。

「サッカー好きなんや？　ポジションどこ？」

「フォワード……」

「そうなんや!?　俺もサッカーやっててん。俺はセンターハーフやったけど。サッカーおもろいよな！」

気さくな兄貴キャラを上手く演じた。中学まで部活でサッカーをやっていたことが役に立ったようだ。練習後のレガース（すねに装着する防具）の尋常じゃない臭さとか、オーバーヘッドキックを試したことはあるかとか、いろいろくだらないサッカーの話題で盛り上がった。

すると彼は、僕に気を許してきたのか、

「僕、将来サッカー選手になりたいんです……だから勉強しても意味ないんです」

と僕に言ってきた。おりしも、Ｊリーグが始まって間もない頃である。

なるほど。そのタイプね。それを聞いて、僕は言った。

「今日は勉強やめようか!?」

「えっ？」

応接間を、兄貴風がビュービュー吹き荒れ始めた。正直、気持ち良かった。何年ぶりだろうか、こんなに上から目線で人と話すのは。何度も言うが、僕は長きにわたる、屈辱にまみれた引きこもり生活の直後だったので、この「上から目線」に飢えていたのだ。このチャンスを逃す手はない。神様ありがとう。

僕は言った。

「サッカー選手って、Jリーグとかそういうこと？」

「それもあるけど、将来的にはブラジルとかイタリアとかに行こうと思ってるんです」

イタリア？　靴みたいなとこ？　当時はまだプロサッカーの選択肢でイタリアとか出てくるのは珍しかったと思う。それなりに、優秀な有望株の選手だったのかもしれない。

自分の知らないことが出てきたので、少し動揺したがそれをおくびにも出さず、

「そうなんや……でもね」

と、傘も裏返ろうかと言わんばかりの「兄貴風」を吹かし始める。

「でもね……それではアカンわ！」

「えっ……」

「今日初めて会ったからよく知らないけど、確かに君はサッカーが好きだし、上手いんだと思う。でもね、そんな人、ほんま山ほどおるねん」

「……はい」

「どうせ、プロのサッカー選手になるから勉強しなくていいって言ってるけど、ご

めんね、嫌な言い方になるけど、そのやり方が許されるのは、君レベルのことじゃないのよ」

「はい」

「分かるかな？　それが許されるのは、今の時点でユースのチームに入ってて、しかもそこで絶対的なレギュラーとして活躍してるくらいのレベルの人間の話よ！」

「はい」

僕が中学時代、部活でサッカーをやっている時、チームメイトで一人だけ、何かのユースチームに抜擢され練習に通っていた同級生がいた。

僕も一応レギュラーではあったし、サッカーも上手いと評されていたが、それよりも上のレベルのサッカーの世界があって、そしてそこには自分は呼ばれないんだということ、サッカーに関して、初めての挫折を味わった経験だった。その同級生とて、そこでは一番ではない……その手の話を人伝に聞いたことがあった。これは使える。

「……じゃあ、もう無理なんですか、サッカー選手は……？」

余りの気持ち良さに少し言い過ぎたか？　彼が弱音を吐き出した。これはまずい。

僕は言った。

「簡単にあきらめんの？」

率直に「どないやねん！」である。だが彼は突っ込まなかった。僕は続けた。

「サッカーの上達なんて個人差あるから！　自分の場合、これからかもしれんやん！　そういう人だっているやん！」

「なにも人生、中学で決まるわけじゃないねん！　今後、高校とかでそういうユースとか選抜入りしたらそれも充分すごいやん!?」

もう自分に言っていた。中三の少年を壁にしてのスカッシュ。自分に対するエールを彼にぶつけていたのだ。

彼は素直で良い子だった。

「ハイ！」と元気よく答えてくれた。まったく単純なヤツである。

「後ね、俺が今ここに来ているということは、ご両親が、お金払ってるってことでしょ？　サッカーができるのもご両親のおかげだよね？」

「……そうです」

「じゃあ、頑張って勉強しないと！　申し訳ないでしょ？　そういうことが分からない人間は、プロとかなれへんと思う！」

一体、どの口が言っているのか。プロの何を知っているのか？　どんな巨人も手が届かないほど、自分のことを高い棚に上げて。人間って怖い。

それからしばらくの間、僕は、まるで世界の海をすべて見てきた男のような口ぶりで、彼にいろいろ語りかけた。素直な彼は、僕の熱弁、というよりほぼほぼ自分に対するエールだったが、それを聞いて、やる気を出したようだった。さすがに、こんなトークだけで帰るわけにもいかなかったので、少し勉強を見ることにする。バイト先指定の教材を使い、とりあえず数学の勉強を始めた。

ごくごく初歩的な方程式の問題。XやYの値を求めよといった類のヤツ。それを一緒にやっていて僕は目眩がした。彼がウンウン唸りながら問題に取り組んでいる。どこで詰まっているのかなと、まだ書きかけの彼の答案を斜めに眺めていると、原因が分かった。

5×7＝42　7×8＝64

彼は、九九ができなかった。九九に関して「できない」というのもおかしな話で、正確には「ちゃんと覚えていなかった」ということだろうが、とにかく九九が駄目だったのだ。

正直、「そこから？」と戦慄を覚えた。申し訳ないが、僕にとってはあり得ない驚愕の出来事だった。正直、引いていた。

思わず、「え〜……!?」

と呟いた僕のそのトーンに、自分が責められているように感じたのか、

「すいません！　すいません！」

と謝り出す少年に、

「いやいや、大丈夫！　大丈夫だから！」

少しも大丈夫だとは思っていないのだが、先生が動揺を見せてはならない。

一体この子は、「5×7＝42」で今までどうやって生きてきたのだろうか。「5×7＝35」その差「7」の分だけの不都合、不利益は彼の人生に生じなかったのか？　チームメイト5人のために70円のアイスを買いに行って、いつもなんかお釣り多いな……とかなかっただろうか？　日本の教育界に一石を投じる存在である。

家庭教師のバイトは、「時間制」だった。僕が話しすぎたせいで時間もなかったので、とにかくギリギリまで一緒に数学の問題を考えて、帰り際に、九九を次の時までにしっかり覚えておくようにと言うのが精一杯だった。

帰る時、彼の母親が、バイト代とは別に、お車代的なニュアンスで、５０００円くれた。金銭的にはとてもおいしいバイトだった。

次の家庭教師の日がやってきたが、僕はあの家には行かなかった。

バイト先から電話がジャンジャンかかってきたので、しかたなく一度とった。怒られるだろうと思ったら、「どうしても、山田先生がいいんだと男の子が言っているのでなんとか来て欲しい」とのことだったが、丁重にお断りした。当然バイト代も入らなかったがそれでも良かった。

そもそも、僕は引きこもり明けで、人生の深遠なる真実どころか、恥ずかしい話、カラオケの入り方とか、ハンバーガーショップでの注文の仕方すらも、もう何も知らないようなレベルの世間知らずだった。そんな人間が、どうして九九を知らない人間を高校に導くことができるだろうか。そんな恐ろしいことには加担できないと思った。

第4話

金丸という男

僕は大学時代、金丸という男とよくつるんでいた。彼も僕と同じ、愛媛大学法文学部夜間主コースの学生で、僕より学年は一つ上だった。先輩である。学年は一つ上だが、彼は、一浪で大学に入っていたので、年は二つ上だった。ちなみに僕も年齢的には一浪したのと同じである。

顔はイケメンというわけでもなく、かといって、面白くいじられるほどのブサイクというわけでもない。ごくごく「普通」の顔面の持ち主だった。

金丸には彼女がいた。その彼女は、松山にある短大に通う学生だった。もちろん、何度か会ったことがある。彼女は、とても気立ての良い子ではあったが、とりたてて綺麗でも可愛くもなく、はっきり言えばややブスな方だった。当時、親友だったと言ってもよい、金丸の彼女のことを、まったく最低な話だが、僕は陰で「バリボー」と呼んでいた。バレーボールにフェルトペンで顔を描いたような、でかくてまあるい頭をしていたからだ。

僕は大学に入って半年ほど経った頃には、講義のとり方、出席の頻度など、初歩的なミスが積み重なり、すでに、どうあがいても四年間で、大学を卒業できないことが判明していて、やる気をなくし講義に出ない日が多くなり、またもや引きこもり生活にリバウンドしかけていた。

そんな体たらくな僕とは違い、金丸は、生来の真面目さゆえか、しっかりと計画を立て、必要な講義もクリアし、順調な学生生活を送っていた。

彼は、講義の合間を縫って、アルバイトにも精を出していた。夏のバイトでお金を貯めると、インド方面に貧乏旅行をしていた。いわゆる、バックパッカーというか、「自分探しの旅」系のことをしていた。その旅行から帰ってくると、自慢げに、自分が夏に決行したその「大冒険」について、撮ってきた写真の数々を僕に見せたものだ。

ちなみに、僕がこの「自分探しの旅」に行く類の人間が嫌いになったのはそれ以来である。大体、そんなベタな趣旨の旅行、年間何万人と行っていることだろう。それだけの人数が決行し得る旅など、もはや「冒険」でもなんでもない。それはすでに、

「アトラクション」とか、「ツアー」と呼ぶべきものだ。そもそも、今まで行ったこともないインドになぜ自分を探しに行くのかがよく分からない。いつそこに「自分」を落としたのか。

といっても、やはり当時の自分には到底できない、行動し得ないことをやっている人間だという尊敬の念は、彼に対して持っていた。

つまり何が言いたいかというと、金丸という男は、非常に小粒で、つつましく、ささやかなレベルでではあったが、当時の僕にとっては「すべてを手に入れた」人間だったのだ。

少なくとも、長きにわたる引きこもり生活直後の僕から見れば、丁度良い目標と言うか、刺激になっていた。マラソンでも、いきなり何キロも先のゴールを意識して走るとしんどいが、目の前の電信柱まで、そこまで行ったら、次の電信柱まで、そんな調子で頑張っているといつの間にか完走している。あれと一緒だ。引きこもりから脱出し、もう一度人生を走ろうとしていた僕にとって、彼は、一本目の電信柱だった。表現は最低だが、あくまで尊敬の念の発露である。

出会ったのは、大学の講義だったろうか。どんな会話をしたか忘れたが、僕達は、妙に波長があった。境遇が似ていた。人生の負け方が同じだったので、お互いの傷を舐め合いやすかったのだ。一浪していることしかり。「夜間主コース」であることしかり。とにかくすぐ仲良くなり、僕は彼にアルバイトなんかも紹介してもらったりしていた。彼も仲間が欲しかったのだろう。いつも二人で同じバイトをしていた。

夏はプールの監視員。秋から冬にかけては、愛媛ならではの、「伊予柑」農家で、お婆ちゃんたちと一緒に、収穫や仕分けの手伝いをするアルバイト。どちらも、松山に存在するアルバイトとしては、トップクラスの収入を得られるし、家庭教師で失敗してから、割に合わない肉体労働ばかりしていた僕にとって、金銭的にも精神的にもとても助かった。本当に、恩人である。

そういうアルバイトを通じて、僕も「普通の人間」に近づいていけているような気がしていた。

伊予柑農家で、お婆ちゃん達と和気あいあいとお喋りし、プールの監視員では、「コラ～！　走るな～！」とか「飛びこむな～！」と、中高生相手に怒鳴りつけ、「あれ？　俺、全然イケてる！　社会に順応できてるやん!?」と思っていた。あれほど外に出るのも苦痛で、人に会うのもしんどい、対人恐怖症に近かった自分を、なんとかかんとか「ここまで持ってこれたやん?」、そんな風に感じていた。

また、彼のおかげで、学生らしい、若者らしいことも体験できた。

バリボー、もとい、金丸の彼女とも仲良くなり、男女六人でキャンプに行ったり、若者がいかがわしい行為をするので有名なとある海岸までドライブしたり、合コンなんてものにも初めて参加したのもこのころだった。

第5話
芸人ごっこ

そんな中、彼がある話を持ってくる。バリボーが通う短大の文化祭で、二人で漫才をやらないかというのだ。思えば、残念なことに、これが僕のお笑い芸人への道の第一歩だった。

しかし、なぜ自分たちの学校、愛媛大学の文化祭でやらないのか? そこが僕たちの境遇をよく表わしていて、要するに僕たちは二人とも自分の大学には馴染んでいなかったのである。正直、金丸も僕も、大学には遊ぶ友達もいなかった。大概、プールの監視員仲間などと遊んでいた。彼らはフリーターか専門学校の生徒が多かった。

いきなり漫才といわれても、彼も、もちろん、僕もそんなことやったことがなかった。人前で何か面白いことをした経験もない。そういうタイプでもなかった。それまで漫才の台本など書いたこともなかったのに、なぜか僕がネタ書き担当となり、なんとか書き上げた。それを、毎日、僕の部屋に二人で集まり、練習をした。

一度、言い出しっぺであり、先輩でもあるので、金丸が書いて来た漫才の台本でやってみたのだが、正直まったく面白くなかった。なぜこんなものしか書けないのに、漫才をやろうと言い出したのか理解できなかった。

彼は、先程書いたように、なにか突出した取り柄があるような人間ではなかったが、なぜかいつも自信に漲っていた。面白さに関しても何かしらの自負があったようだ。自己評価の甘さ。正体不明のエネルギー源である。こういう人は生きてて楽だろうなーと、心底羨ましかった。

一つ困ったのが、関西弁である。

金丸は宮崎出身だった。僕は全然気にしていなかったのだが、彼は、漫才は関西弁でしなければならないという妄想にとりつかれており、

「関西弁を教えてくれ！」と僕に頼んできたのだ。

しょうがないので僕は、ラジカセに色んな関西弁を吹き込んで彼に渡したり、練習中にそれこそ、僕「なんでやねん！」、金丸「なんでやねん！」みたいな「授業」を行ったりした。結果、関西弁風の喋り方はできるようになったが、イントネーションが絵に描いたように「風」だったので、絶対に痛々しい感じになっていたと思う。

何はともあれ、数か月前まで何年も引きこもっていた人間には想像もしなかった、人前で漫才をするという急展開に僕は緊張していたが、正直に言えば楽しみにもしていた。

文化祭当日。金丸の彼女が、文化祭の実行委員長をやっていた。バリボーなのに人望はあったようだ。彼女に口を利いてもらって、文化祭のステージの出番に入れて貰えた。

今思えば若かった。

そもそも、文化祭で漫才なんて、調子ノリのすることだ。バカな大学生特有の、恐

れ知らずのノリというか、見ていてヒヤヒヤするが、それを押し切るパワーというか、痛々しいが華やかな若い空気感というか、いずれにせよ、そのどれも僕たちは持ち合わせてはいなかったのだが。

ネタは、確か、よくある通販番組をモチーフにした、ありきたりの題材の漫才で、見よう見まねで作ったボケツッコミをちりばめた、凡庸なものだった。何か、「おもしろ掃除機」が出てきてそれを紹介するというネタだ。こんなものが受けるはずがない。金丸の作ったものより随分マシだが。

僕のその予想に反して……受けた。大爆笑だった。

まあ、冷静に考えれば、そのステージを見に、バリボーの友達が大勢来ていたことが原因だろう。要するに、自分の知っている人がステージに出てきてなんかやっていることに対する笑いだった。

が、当時はただただ受けたと勘違いしてしまった。僕たちの芸人ごっこが始まる。

第6話

金丸の緊張

それから、やめとけばいいのに、何を勘違いしたのか、僕たち二人は大阪の吉本興行の劇場で行われていた、ゴングショーに挑戦した。フェリーに乗って大阪に行く。長時間の船旅だったが、楽しかった。結果が出るまでは、人は夢を語れるのである。漫才がどうこうではなく、舞台に飛び出して行った瞬間、勢い余ってすべって転ぶという、古式ゆかしいハプニングが起こり、それがツカミとなって、なんと合格してしまった。あそこでしっかり不合格になっていれば、この後の悲劇も生まれずに済んだに違いない。

とにかく、僕たち二人は揃って、もしかして才能があるんじゃないか？　お笑いなんて簡単なもんだ！　と思っていた。笑いの総本山、吉本興業の舞台で、ゴングショーとはいえ、この田舎もん丸出しの二人が「合格」したのだ。

心斎橋だったろうか、橋のたもとで、僕と金丸は大いに夢を語り合った。世間知らずの戯言ではあったが、僕らはかつてないほどにテンションが上がっていた。もう売れた気でいた。金丸に至っては、ベタに「天下をとる」発言も飛び出した。具体的に、大阪に引っ越してきて……なんて話も出た。このままお笑い芸人になる。少なくとも僕はそう思っていた。どうせ大学も四年で卒業できないことは確定していたし、好都合だった。

これまでの、このグチャグチャの人生をリセットする、それも「勉学」ではない方向に進めば、これまで知り合ってきた人間たちと比較されることもない。まったく違う土俵なのだから。

むしろ、「実は最初からそっちだった」のパターンが使える。なかなか賢明な選択だと思った。

僕は、ここ何年も味わったことがない、ワクワクした気分になっていた。もう終わったはずの自分の人生において、再びこんな気持ちが訪れるとは思ってもみなかったのだ。この「文化祭」と、「ゴングショー」の件で、俄然、調子にのってしまった僕達は、またまたやめとけばいいのに、今度は、その年、吉本が開催した、全国的なお笑いイベントに参加することにした。確か、僕が雑誌か何かで見つけてきたのだと思う。

その頃には、僕の方が、お笑いに前のめりになっていた。

そのイベントは、日本全国に用意された予選会場で、ネタをやって、それを勝ち抜いた者は、東京ドームかどこかで行われる、決勝イベントに出場できる……という触れ込みのヤツだったと思う。

僕達は、それの四国予選に出ることにした。

レンタカーを借りて、高松に向かう。愛媛ではそのイベントはやっていなかったのだ。会場はショッピングモールだったか。メンバーは、僕、金丸、カーコである。運転はカーコがやってくれた。

このカーコという女、兵庫県出身で、僕も同じ兵庫出身。

確か、大学に入って一番最初の講義の時に、たまたま僕の隣に座っていて、なにかの拍子に話しかけられ、それがきっかけですぐに仲良くなった。

といっても、二人で食事に行ったり、遊びに行ったりするわけでもなく、講義で会えばなんとなく隣に座って、何となく喋って、何となくさよならする。それくらいの関係である。

三人でなら、講義の後、一緒に御飯に行ったこともあったが。

当時の僕は、引きこもりと言う刑務所から出所してシャバに出て来たばかりだったので、本当に女なら誰でも好きになった。最低だが、誰でもよかった。といっても、ずっと童貞だったが。口説き方など知らないし、そんな度胸もない。とにかく誰でも好きになったというだけだ。カーコのことも当然好きだった。

元々は、僕が仲良くなったカーコだが、あまりに僕が金丸と一緒にいるものだから、自然と三人で居ることも増えた。まだ僕もまともに講義に出ていた時期だったので、三人一緒になることもよくあった。

カーコは、僕達が、短大の文化祭に出演した時も、漫才を見に来たのだが、その頃から僕たちのマネージャーを気どりだし、「あーし、二人のこと応援してるし！」とか言っていた。

僕らも僕らで、「売れたら、カーコが事務所の社長な！」などと、調子を合わせていた。今考えれば、若気の至りというか、お寒い大学生ノリそのものだったが、こんな人生にも青春はあったんだと思う。

高松に向かう、その車中でも、我々三人は大いに盛り上がった。

やがて目的地のショッピングモールが見えてくる。その直前あたりから、金丸の口数が格段に減ってきた。緊張である。超ダサい。

結果からいうと……ドンズベリした。

ネタは、文化祭や、ゴングショーでやったことのある、自信の「通販ネタ」で勝負した。

しかし、いざ、会場に行ってみると、僕達のような素人の学生ばかりだと思っていたら、芸歴一年目、二年目の若手中の若手ではあるが、一応芸人一本でやっている「プロ」の人間もいた。そういう人間は気迫が違う。雰囲気が違う。僕らのような、思い出作りのテンション、「ごっこ」ではない。そういう空気にも萎縮してしまったのかもしれない。

お客さんも結構集まっていた。司会の人は大阪で売り出し中の若手コンビだった。

そういった雰囲気に圧倒されたのか、金丸の緊張は極限に達し、挙動不審になっていた。ステージに向かうため歩いていると、僕にぶつかったり、僕の足を踏んでしまったりして、「あっ、ごめん……」という場面が幾度となくあった。

そして、案の定というか、予想通り、本番で彼は漫才の台本、そのセリフがほぼすべて飛んでしまい、頭が真っ白になった。つまりはパニックである。ショッピングモールに集まった大勢のお客さんの前で、見事に、「あの……あっ、あの……」とか言い出した。

僕は、それを見ながら、

「うわ〜……こいつほんまアカンな……あ〜あ〜」と内心怒っていたが、

「あれ？　掃除機、壊れたみたいですね!?」などと、まあまあのアドリブでフォローを入れて笑いをとっていた。そんなこんなで、なんとか、ネタを軟着陸させた。実際は大事故だったが。とにかく出番を終えた。

一応、先輩で年上ということもあり、強くは言わなかったが、出番を終えた直後から、僕に対して、「すまん、すまん……」と本気の落ち込んだテンションで、謝罪の言葉を連発してくる彼を、僕は完全に無視していた。正直、周りの「本気」の人達に、「一味」と思われるのが恥ずかしかったのだ。薄情な人間である。

そのイベントは、すべてのネタが終わった後に、感想を聞くようなコーナーもあった。ここでも金丸はやってくれた。一言コメントを求められても彼は何も言えず、急に司会の人に向かって、僕を指さしながら、

「こいつには……山田には才能があるんです！　お願いしますー!!」などと場違いなことを叫び出し、会場は変な空気になるし、ただただ僕のハードルだけ上げられるという地獄のような暴挙に出た。

司会の方も苦笑いで、「ありがとーございましたー！」としか言わなかった。そりゃそうだ。

第7話

裏切りのドライブ

帰りの車中。運転はまたまたカーコがしてくれた。

金丸も免許を持っていたので、帰りは彼が運転するということになっていたのだが、緊張と、舞台でのミスのせいで、悪い意味での興奮状態にあり、彼は手の震えが止まっていなかったので、彼女が運転に名乗りを上げてくれた。助手席に金丸が座り、僕は後部座席で横になって寝ていた。

といっても、初めての経験に少なからず興奮し、帰り道の前半ですでに目は覚めていたが、あの体たらくのおかげで、車内のムードは気まずかったので、寝たふりをしていた。

金丸もどうしていいか分からず、黙っていたのだろうが、僕は僕で、彼のミス、チキンぶり、空気の読めなさに腹が立っていたので、なるべく口を利きたくなかった。

カーコも、行きの車中であれだけ盛り上がっていただけに、今のこのお通夜のような空気の中、何を言っていいか分からなかったのだろう、口数は少なかったが、彼女なりに、気を遣ってくれていた。

一生懸命に、「あれ？　行きしなここ通ったっけ？」とか、「お腹すいたな〜……あそこのラーメンでも食べて帰る？」などと言っていたが、次第に、それらに現状を打破する効果がないことを悟り、黙りこくった。

僕は、相も変わらず、後部座席で寝たふりを続行中である。目をつぶって横になっていた。

しばらくすると、前方座席の二人の会話が聞こえてきた。

カーコが言う。

「今日はねー、あんな感じやったけど、あーしが見てた感じやと別に他の人達も同じような感じやったけどね……」

すごく「感じ」って言うな……。

「いや、俺のせいだ……」

いやいや、そりゃそうでしょ？　寝たふりをしながら心の中で突っ込む。

「そうかなー……でもあーし、二人のことは応援してるから、またがんばればいいやん！」

確かに。こんな、しょうもない終わり方はできない。また練習だ。でも、金丸の緊張問題はなんとかしないと駄目だな……とか思っていると、しばらくの沈黙の後、彼が、

「いや……実は俺……就職しようかと思ってる」

「えっ、そうなの？」

「できたら東京に行きたいねん」

イントネーションは、相変わらず嘘関西弁だが、決意は本物そうだった。

はあ？　マジでか？　そんなこと一回も聞いてないぞ？

「えっ……でも、山っちは芸人になろうって思ってるんじゃないの？」

カーコは僕のことを山っちと呼んでいた、さすが同郷、あだ名センスが一緒だった。いや、そんなことどうでもよい。

「俺、ホントはやりたいこと、お笑いじゃないねん。小説書きたいねん」

小説？　初耳や！　次から次へとなんじゃそれ！

「そっか……じゃあしょうがないよね……」

待て待て！　カーコよ！　もっと頑張れ！　納得するな！

第8話　パラレルワールド

それ以降、二人のトークテーマはもっぱら、金丸の新たな夢、小説家という職業が、いかに素敵なものかを熱心に語り合うことが中心となり、出版されたら絶対買う！　とか言い出して、僕は自分で始めた寝たふりをやめることができなくなってしまった。結局、松山に戻るまで続けることになる。

途中、一度だけ、「う〜ん……」と言って、起きようと試みたが、その瞬間、前の二人が「サッ」と話題を変えたので、僕も僕で、「ああ……そういうことね」となってしまい、すぐさま寝たふりに戻った。

このことで、僕は、はっきりと悟った。あくまで僕からすればということだが、金丸の裏切り行為に、腹も立ってはいた。しかし、どちらかといえば寂しい気持ちの方が大きかった。結局また一人に戻るのかと。

そうか……こういうことだったのかと。

彼がなぜ、その車中で、小説家になりたいなどと言ったのかは分からない。本当に前からそう思っていたのか、それとも、「そうかそうか、小説家志望なら、漫才がすべってても仕方がないもんね？　関係ないもんね？」と逃げを打ったのか。

それは今でも僕には分からないし、そんなことどうでもよい。真実はいつか彼が小説にしてくれるだろう。

問題は「就職」である。もちろん、彼の人生だ。僕がとやかく言えることではない。

ここで問題なのは僕自身のことだ。

そうか、人は簡単に、「芸人になる」とか言えない。そんな決断はできないのだ……そう痛感した。ここまでの、大学生活において感じてきた違和感もそういうことなのだ。

それはよくよく考えれば、当たり前のことだった。一緒にバイトしたり、遊んだり、勉強したりしていたが、僕と彼、彼らとでは本質的に違っていた。僕と違って、みんなは人生が大事だった。その人生を、軽く扱うことなどできないのだ。当然だ。みんな、それぞれ自分なりに、真面目に積み重ねてきた、その上に立って生きていた。生活していた。そこには、いろいろな将来に対する考え、計画、想いがあったのだ。

反面、僕が当時思っていたことといえば、いまだ「だいぶ人生が余ってしまったな～……」ということだった。持て余していたのだ。あまりに思い描いていたものと違う人生を、キチンと考えて生きる気力もなく、意味も見出せていなかった。

人生の取り扱い説明書がまったく違ったのである。僕の人生は、中古で安いけどリモコンが付いていないビデオデッキみたいなものだった。

「人生が余った」などと思って生活している人間と、その人なりの能力の中で、一個一個、大事に積み重ねてきた人間とではまったく違う。そういう人にとっては、自分の人生とは、それはそれは惜しいものだろう。決して、雑には扱えないのである。

これが、僕がずっと感じてきた違和感の正体だった。

僕は、誰とも同じ時間を過ごしてはいなかった。薄いガラス一枚隔てたパラレルワールドにいるような誰とも心の底からは噛み合わない感覚が常にあった。

横に居ても横にはいない。

何となく社会復帰できたと思っていたが、まったく、順応できていなかったのだ。家に帰って、それでもこの愛媛で、ここでなんとかやっていこう、そう思い込もうとしたが、すでにもう大学に戻る気は失せていた。すべて自業自得だが、結局ここでも駄目だったという挫折感が勝っていた。圧勝だった。

またリセットの時間がやって来た。

逆に言えば、そんなささいな衝動で、自分の人生を左右する決断ができてしまうほど、僕にとって自分の人生はもう終わったものであり、軽かったのである。

30対0で負けてる試合だ。誰が真剣にやれるか。

とにかく、もう、松山にはいたくなくなっていた。もっともっと、根本的にリセットするしかない。朝顔を引き抜いたあの日のように。

もう引き返せないところまで来ていた。芸人になるしかない。というか、もうそれくらいしか残ってない。どうせ大学も四年では卒業できないのだ。それが一番の理由だったが。

そこから僕はいろいろ調べて、東京のNSCというお笑いの養成所に入ることにした。東京の不動産屋に手当たりしだいに電話し、こちらの条件を伝え、その電話だけで住む家を決めた。一度、上京して、NSCの面接を受け、松山に一旦帰り、合否を待つ。受かった。

金銭的なこともあったので、次に上京するのはここでの人生を捨てる時だ。春の新学年のタイミングを狙い、バイトで貯めた金と、親から振り込まれた学費を持ち逃げすることにした。それで、養成所の入学金及び、授業料を賄う。残るお金はほとんどない。それまで東京なんていったこともなかったが、不思議と不安はなかった。というより何にも考えていなかったというのが正解かもしれない。

親にも黙って、松山の部屋も解約した。さすがに、学校をやめて芸人になるなんて、うちの親が許すわけがなかった。そもそも大学のことも言ってなかった。後はもう、出たとこ勝負だった。といっても、僕には何の勝算もなかった。

上京する際、本当に、誰一人にも言わなかったので、大学側は失踪と思ったようだ。全然出席したことのなかったゼミの教授が、どこから情報を入手したのか分からないが、東京まで捜しに来たとのちのち聞いた。

申し訳なく思う。

とにかくある日、僕は松山の街から完全に消えた。

第5章

下積みからの脱却

第1話 上京してホームレス

飛行機の都合で、上京しても、部屋に入居できる日まで、一週間ほどあった。というのも、当時、ＪＡＬだかＡＮＡだか忘れたが、年齢がいくつまでなら、ちょっと航空券が安くなるというサービスがあったのだ。それに合わせたギリギリのタイミングで飛行機のチケットをとったので、そちらの都合優先で上京するしかなかった。

夜行バスを使えば安いし良いじゃないかと思うだろうが、僕の中ではさっそうと飛行機で上京する方がカッコいいという考えがあった。夜行バスの持っているイメージが貧乏臭いというか格好悪くて嫌だった。とにかく、行けば何とかなるだろうと思い、上京してみたがやはりアパートの入居日は、どんなに言っても動かせなかった。東京はなんて融通のきかない、冷たい街なんだと、早速松山が恋しくなったが、ここが踏ん張りどころである。もう戻る場所はどこにもないのだ。

すべての家具類や本なんかは松山で捨てるか、売るかしていたので、荷物はカバンに入れた数着の服、文房具、歯ブラシ……ほんとにそれくらいだった。

仕方がないので、僕は、高架下のような場所で、一週間野宿してしのいだ。ダンボールすらない状態で、路上に寝ていると、いまだくすぶっていたプライドに苛まれ、中学時代に担任の先生に「山田君は頑張れば東大に行けます」とか言われて、両親がそれを聞いて喜んでいる顔なんかも思い出され、なんなんだこの人生は、嘘だろ？と思い、「あ〜あ……こんなに落ちるもんかね？……」と涙が大量に勝手に出てきて、これはヤバイぞと気合を入れなおした。

電車の高架下ではなく、街中の道路が軽く立体交差しているような、ちょっとした空間だったので、お買い物の主婦や、学校に通う子供たちも普通に通る。

通報されてもおかしくなかった。

間違っても通報されないように、朝早く四時には起きて、延々と町を歩いた。その瞬間瞬間、「ちょっとそこのコンビニに行くんですよ」という感じを自分なりに出していたつもりだったが、傍から見れば、ホームレスが徘徊しているようにしか見えていなかっただろう。疲れると、公園のベンチに腰掛けて休み、うとうとして睡眠を稼いだ。

夜十一時くらいなると、高架下に戻って横になって眠る。そしてまた四時に起きて街を徘徊である。おかげで、上京数日にして、十年住んでる人間くらいのレベルでその街のマップが頭に叩き込まれた。公園で寝ようとも思ったが、そこには先住民のおじさんが何人もいたので、怖くて寝られなかった。

それを一週間続けた。一週間後、ようやく部屋に入居できた。

第2話 養成所

家賃、一万五千円、四畳半一間のボロアパートである。

場所は、池袋の横の大塚という町だった。その時は、すぐにでも売れて、こんなところとはおさらばだと思っていたが、当然そんな都合のいい話はない。

ちなみにその後、さらに三畳八千円の部屋に引っ越すことになり、結局、この町に十年近く住むことになる。最もお世話になった街といってよいだろう。

僕の東京での生活が始まった。

お笑いの養成所は、当時地下鉄丸ノ内線の赤坂見附、もしくは千代田線の赤坂の駅の近く、TBSの近くにあった。住んでいた大塚からはかなり遠かったが、電車賃を節約するため、僕は、豊島区の北大塚から港区赤坂まで歩いて通っていた。

天候、体調にもよるが、二時間かけて歩いて通った。往復にすると、四時間くらいである。空腹でそれだけの道のりを歩いていると、中学時代の通学を思い出した。あれはあれでしんどかったがあの時はお金の心配もなく、空腹でもなかった。何故こんなことになっているのか。

それほどお金がなかった。とにかくお金がなかった。

貯めたバイト代と持ち逃げした大学の学費は、引っ越しの前後で消え去り、無事入居した時には三千円くらいしか手元になかった。極貧である。

入居からバイトが決まるまでの一週間、僕はポカリスエットの五百ミリリットル三本で、一週間しのいだ。三日目から手足がしびれ始め、力が入らず、「あっ、もう死ぬ……」と何度も思ったが、頼れる相手もなく、両親にも、友達にも何にも言わないで東京に来たので、どうしようもなかったし、死んだら死んだでそっちの方が楽だなと何となく思っていた。死ぬのはいいけど腹ペコなのは嫌だった。

養成所の授業では、音楽というか、リズムの授業があった。一体何のためになるのかと、全生徒から不評なヤツである。だが、僕にはありがたかった。みんな、紙コップを二つ使って作った入れ物に、あずきや生米なんかを入れたマラカスを作って持ってきていた。余りにお金がなく、何も食べていなかった僕は、仲間のマラカスから米を盗んで、家に持って帰って炊いて食べたこともあった。泥棒だ。

泥棒にもなったし、泥棒に入られたこともある。

上京して一月ほど経ったある日、養成所からまた二時間三時間かけて帰宅すると、部屋に警察が来ていて、綿毛が付いた、ドラマでしか見たことがない「あれ」で、窓ガラスにポンポンポンポンポン白い粉をつけていた。

泥棒が入ったのは、その窓からだったようだ。白い粉でバッチリ手形がいくつも浮き出ていて怖かった。

僕の部屋は四畳半の風呂なしで、一階にあった。窓は通りに面しておらず、隣の建物との狭い通路、隙間に面していた。お金の余裕がなかったので、カーテンはしていなかった。まさかこんなボロアパートに泥棒が入るなんて思ってもいなかったので、うっかり窓の鍵をかけ忘れていたのだ。

しかも間の悪いことに、僕は、直近の肉体労働のバイトで稼いだ全財産、久しぶりに手にした一万八千円の大金を、その窓際に置いていたのだ。

警察の人が部屋の外、隣の建物との間の通路から、

「こんなところに置いちゃ駄目だよ〜、ホラ!」

と言って、窓の外から懐中電灯を照らした。

すると、すりガラスになっていて、部屋の中など外から見えないと僕は思っていたのだが、懐中電灯の明かりで、きれいにすりガラスは透きとおり、部屋の中の僕から、警官の顔が綺麗に見えた。向こうからも同じだろう。

こんなボロアパートを狙う泥棒の慈悲のなさに、僕は絶望した。なんでこの大都会東京で、成功者も山ほどいるのに、こんなところから。負け犬同士の取り合いなど支配者の思うツボだ。警察は白い粉を拭かずに帰った。

第3話

緑の人との出会い

銭湯にも月に三度くらいしか行けなかった。毎日濡らした手拭いで体を拭いて済ましていた。なのに片道何時間もかけて養成所に通っていたため、僕はかなりの異臭を放っていたに違いない。実際、最近同期の芸人に当時のことを聞くと、「ホームレス同然だった」と口をそろえて証言する。

そんな毎日だったので、養成所ももうすぐ卒業というタイミングで、僕はお金と気力が尽きた。どれくらいお金がなかったかというと、同じアパートの一室に住んでいた大家さんが、遊びに来た孫が置いていったザリガニを飼っていたのだが、それを炊飯器でゆでて食べたくらいだ。ちなみに、その炊飯器もゴミ置き場に落ちていたものを拾ってきたものだ。あえて食レポをするなら、とても美味しいエビを、泥まみれにしたような味がした。

すぐ売れるという妄想、無計画でやってきていたから、そうではないという現実を突きつけられ絶望的な気持ちになっていた。

　卒業公演を前に僕は、養成所をやめることになる。最後の脱出路もこれにて閉じた。閉鎖だ。もう自分の人生のすべてが終わった気がしていた。「こうなるだろうな〜、やっぱりな〜」とも思った。中学をやめ、大学もやめ、東京にまで来てやめた。もう駄目だ。

「まだ落ちるのか……」

　そんな気持ちになっていた。はたしてお笑いの養成所をやめることが落ちるということなのかは分からないが。

　人間、ずっと落下していると、はたして自分が本当に落ちているのかさえ分からなくなってくる。もう何もない。ここでも人生の落下を食い止められなかった。また「社会」に入って行けなかった。東京に居て、生活し、人と過ごした……でも僕は属していなかった。社会に属せていない。

　よく、「社会の歯車になんかなりたくない」とバカな若者が言ったり、歌ったりするが、歯車になるのも難しいのである。立派だ。

　歯車万歳だ。歯車になって親の敷いたレールを走りたいもんだ。

そんな時、僕の部屋のドアが「ガンガン！」と鳴った。建て付けが悪くグラグラしたドアだったので、悪意がなくてもノックをすると、そんな音がする。

「開いてるよー」

頑固で無愛想な寿司屋の主人のようにドアに背中を向けたまま怒鳴る。背中の方、僕の後ろでガラガラガラと建て付けの悪い引き戸が開けられる。

そこには、知っている男と知らない男が立っていた。

知らない方の男は何か物珍しそうにボロアパートを見渡している。一見して、なにか無責任な観光客のような浮ついた、品定めするようなオーラを出していた。ちょっとムカついた。知っている男は養成所で同期だった市井という男だ。

知らない男が樋口だった。

多少劇的に登場させたが、彼らの登場で事態が好転するわけではまったくない。彼らはとにかく僕をトリオに誘いにわざわざ家までやって来たのだった。

第4話 リセット人生

お金が尽きて、養成所をやめざるを得なくなった……といっても、本当はやめなくてもよかった。確かにお金は「死ぬほど」なかった。この場合の「死ぬほど」はただの喩《たと》えで片づけられない凄味をまとってはいるが。実際、歌やドラマではないが、ポケットに数百円の小銭しかない、それが全財産だなんて毎日。とはいえ、そうなのであれば、ごくごく「普通に」、アルバイトに精を出し、ごくごく「普通に」収入を得ていればやっていける。それがまっとうな生き方というものだ。

そもそも、養成所の授業料は、大学時代、アルバイトで稼いだいくらかのお金と、親が送ってくれた大学の授業料を持ち逃げしたお金で、最初に払っていた。つまり、養成所の授業料の出費はないわけである。加えて、家賃は一万五千円と格安であったし、遅刻しそうな時とか、体調がよっぽど悪い時など、イレギュラーに、月に数回電車も使ってはいたが、前述した通り、基本的には徒歩で通っていたので、その手の出費も微々たるものだった。

もし、毎回、電車に乗っていたとしても、週に二、三回のことである。全体の出費には、ほとんど影響はない。光熱費とか食費にしても大した額ではない。服や靴なんかも上京して何年間かは買ったことがなかった。実際、その時の僕は、二枚しか服を持っていなかった。

それには理由がある。

前述の通り、部屋に入居できる期日までの一週間くらいの間、僕は、路上で寝ることを余儀なくされていた。その時、酔っ払いが僕の荷物にゲロを吐き、持って来ていた服のほとんどが駄目になってしまったのだ。

もちろん、僕は寝ていたので、この目で見たわけではないのだが、朝目が覚めて、自分の荷物に、悪臭を放つ、「それ」がベットリとかかっているのを見たら、どんなバカ探偵でもそれ以外の答えを導き出すのはむしろ難しいと思う。今、こうして書いていても、あの時の臭いを思い出せるほどだ。

後日、養成所時代の同期の芸人と話す機会があったが、やはり、「山田は、いつも同じ、胸元に〝ARMY〟と書いためちゃめちゃ汚いTシャツを着ていた印象がある」と言われた。僕は、そのＡＲＭＹのＴシャツと、同じくＡＲＭＹのパーカーしか持っていなかった。なぜその時ＡＲＭＹにはまっていたのかは知らない。

靴も一足しか持っていなかった。「北大塚」から「赤坂」まで、頻繁に歩いていたので、もの凄いスピードでボロボロになっていった。が、これに関しては打開策があった。僕が住んでいたそのアパートの玄関には、大きな下駄箱があり、そこに他の住人、おそらく五、六人はいたと思うが、彼ら（女性は一人もいなかった）の靴が入っているのである。

入居して、一か月も暮らしていると、他の住人達の生活パターンや、その職業なんかもおおよそ分かってくる。事実、向かいの部屋に住んでいた、多分、警備員の仕事かなにかをしている中年の男性からは、会うといつも、「頑張れよ！　応援してますよ！」などと、声をかけられたりしていた。向こうも向こうで、僕のことを何となく知っていたのだろう。情報元は大家に違いないが。おじさんに、そう言われる度、顔はニコニコしながら、心の中では、「お前が頑張れ！」と思っていた。

僕が外出する間、絶対にアパートから出かけない住人に何人か目星をつけ、その人達の靴を、勝手に借りて、順番に履いていたのである。靴の持ち主達は、自分の靴の底の減り具合、劣化の速度の速さに首をかしげていたに違いない。それはそうだろう。普通の靴と違い、倍の、二人分の人生を運んでいる靴なのだから。

風呂なしアパートだったので、銭湯に行く時もお金がかかるが、大体、台所に水を張って、それをお風呂ということで済ましていたし、銭湯自体、月に三回くらいしか行ってなかったので、これも大きな出費ではなかった。

まとめると、毎月、最低、五万円〜八万円もあれば、僕はとりあえず生活できたのである。食べたいものも食べず、電車にも乗らず、風呂にも入らず、服も買わず、ただ暮らす。はたして、それを「生活」と呼べるのかは分からないが。

ちなみに、それくらいのお金を稼ぐには、日雇いの労働なんかだと、頑張れば、大体一日一万円くらいは稼げるので、毎月五〜八日バイトすれば十二分に足りる。つまり週に一、二回バイトすればいい話なのである。授業は週に二、三回だったからそれでも休みの日が週に二日以上はある計算だ。

それすらもできない。駄目人間である。

上京して半年、電車に乗れなくても、週に何回かしか食べられなくても、それもパン一つしか食べられなくても、遊んだり、楽しいことをまったくできなくても、とにかく僕は働きたくなかった。「働いたら負けだ」とさえ思っていた。一体、何と戦っているのか分からないし、そもそも負けている。

大学時代、一日だけ家庭教師をした時、サッカー選手になりたいから勉強なんて意味がないと言った中学生に、「そんなことが許されるのは、現時点でユースチームの絶対的なレギュラーで活躍してる、選ばれた人間だけだ！」と偉そうに説教したのと同じ人間とは思えない。僕はまさに、「お笑い芸人になるのだから、バイトなんてしなくていい……いや、したら駄目だ!!」と思っていたのである。

すぐに売れると思っていた。何の根拠もなく。それくらいの華々しい好スタートを切らないと、割に合わない。帳尻が合わない。

せっかく入った大学もやめ、誰にも言わずに失踪同然で上京し、お笑い芸人を目指したのだ。なのに、アルバイトに精を出し、日々の屈辱に耐えるなんて無理だ。そんな屈辱を味わうくらいなら、その頃にはすっかり僕の十八番になっていた、「リセット」をするしかない。それを発動したわけである。土俵に上がらなければ、評価されることもない。評価されなければ、屈辱を味わうこともない。あれだけ悩まされた「神童感」の名残がまた微妙にカタチを変えて、僕を再び苛み始めていた。

雪山で遭難し、ちょっとした洞窟に逃げ込む。

寒さと空腹、そのさなか、ポケットを探ると、ひとかけのチョコ。救助が来るまで、これでしのがないと駄目なのだ。そういうことなら理解できるが、僕の場合は、それで一生食っていこうとしていた。

あるいはすぐに救助が来ると見込んで、一口に食べてしまうような、そんな愚行であった。

要するに、何にも考えていなかったのである。土台無理な話だ。

養成所にしても、少なくはない入学金を払った。本来ならそう簡単にはやめられない。普通ならやめられない。しかし、結局、ことここにいたっても、僕にとっては、この人生は軽かったのである。そんなことがいとも簡単に決断できてしまうほどに。

第5話 ツール・ド・借金

さて、養成所をやめ、僕はしばらくの間、一人でいくつかのお笑い事務所のオーディションを受けたり、ライブのオーディションを受けたりしていた。結果、何度か舞台に立つ機会もあったが、そんなものに出たからといって、明日からスターになるわけではない。ただ「出た」というだけの話、それ以上でもそれ以下でもない。

一人で活動しているその時も、それまでも、「絶対に芸人として成功してやる！売れてやる！」などという、若手芸人らしい、ガツガツした、熱いモチベーションはなく、正直なところ、「他に特にやることがない」というのが一番大きな理由だった。何度となく書いてきたが、もう人生そのものが、「手持ち無沙汰」な状態になっていた。相変わらず、人生が余っていた。

では一体、生活していくためにどうしていたのか……消費者金融での借金である。たまに思い出したようにバイトをするにはしていたが、続かない。そもそもしたくないのだ。それを生活費に充てていた。

大体、生活費を借金で賄うという発想がもう終わっている。

最初は一社で、五万円程度のことから始まった。借りる時は、「これで、当座はしのげる。これがあるうちに、バイトを見つけて、バリバリ働いて生活を立て直すんだだ！」そう思う。一見、いたって前向きな正しい考えだ。しかし未来の自分に期待をかけ過ぎるのもいけない。未来、ましてや数週間後の未来の自分である。「今」の自分とそうそう劇的に変化したり改心したりするはずもない。先物取引で一番ヤバイ銘柄は「自分」である。

結局、たまに繋ぎのバイトくらいはするが、それで生計を立てる、あるいは立て直すほど、しっかり働かない。何度も言うが、基本的には働きたくないのだ。するとまた借金することになる。それが十万円、二十万円と増えていき、最終的に五十万円まで膨らむ。

その都度、「今度こそ、ちゃんとやるんだ。立て直すんだ。できるはずだ……とりあえずこのお金で腹ごしらえだ！」となり、数週間が経ち自分にかけた博打に負け、借金する。

向こうも、「ご利用は計画的に」と注意は促してくれるが、そもそも、計画的ではない人間が借金するのだから、その警告に効果はない。

借金をすれば、当然、返済もしなければならない。その返済のためにまた違う会社から借金をする。そしてそれにも、毎月、返済する時には、利子が付いてくる。それが、二社、三社となり、最終的には、合計で三百万円を超えるほどにまで膨れ上がった。利子だけで毎月二桁になった。

その頃になると、もうアルバイトはしないなどと言ってられないので、コンビニで働き始めた。そのコンビニは、店長のご厚意で、売れ残った、賞味期限切れの弁当を食べることができた。これは食費が助かって本当にありがたかった。当時の僕にとって、これは「ご馳走」の部類だった。

アルバイトをしても、借金返済のことがあるので、食えるものといったら、近所のスーパーで夕方値引きされて安くなったパンとか、そばとかそんなものが買えれば良い方だった。これも「ご馳走」である。

さらには、洗濯機の下、自動販売機の下、そういうところを探っていると、たまに小銭が見つかる。百円玉でも見つかれば大喜びであった。

アパートの大家のお婆ちゃんが捨てるゴミにも、たまにお饅頭だとか、ラスクのようなものを、おそらく、一人で食べ切れなかったのだろう、そのまま捨てている時があった。そういうゴミを、「僕が捨てておきますから」と言って、一旦引き取り、中から探し出して食べる。

あの時代の僕の体、筋肉も脂肪も、骨も、脳みそも、すべて「ゴミ」から作られていたことになる。そんな生活をしながら、不思議とお腹を壊したこともなかった。丈夫に産んでくれた親に感謝である。

文字通り、ゴミ人間である。

余りの空腹の毎日に、街を歩いていて、小学生や高校生やとにかく苦労を知らなそうな若者が、無駄に何か食べてたりすると殺意を覚えた。お前らが今、普通に食ってるハンバーガーを俺が食うのはなんかの記念日やぞと思った。そして、記念日などこちらの人生にはないんだぞと思った。いやしくて、情けない話だが、食べかけで捨てないかなーと本気で待ち受けたりもした。

とにかく、コンビニでアルバイトをし、時には工事現場で肉体労働もかけ持ちし、それで稼いだお金を毎月の利子に充てる。

その手の会社の店舗は大体、同じビルに集中して入っており、まず、ビルの最上階にある会社に行って、元本と利子を毎月の分返し、すぐに先程いくらか返した元本を引き出す。引き出すと言っているが、自分の口座ではないのでこれも借金だ。

そしてすぐ下の階にある会社に行って、同じことをやり、また下の階へ。ビルを出る頃には一月稼いだアルバイト代はビルに濾過されほんの数滴になっている。

まさに、「自転車操業」である。その漕ぎっぷりたるやあの自転車レースの最高峰、ツール・ド・フランスでもいいところまで行くんじゃないかと思うほどに、僕は「シャカシャカ」と借金返済のペダルを漕いでいた。

それだけやって返済しても、まさに焼け石に水、あるいは、焼けてない石に肉であった。意味は同じである。

利子だけで二桁になってはもう無理である。

債務整理をすることにした。

当時、愛読していた漫画、『ミナミの帝王』にそんな話があって、「これしかない！」と思い立ち、すぐに弁護士事務所に連絡し、債務整理の相談をした。それで随分返済は楽になった。

「萬田はん」のおかげである。

第6話 0人間

僕と、樋口と市井の三人は、約一年くらいの間、トリオとして活動していた。活動していたといっても、事務所にも入れず、ライブのオーディションを受けては落ち、鳴かず飛ばずもいいとこで、全く何の結果も出せなかった。一度お笑いライブのゴングショーに出演したくらいである。

ほどなく、先の見えない戦いに嫌気がさしたのか、市井が「役者になりたい」と言って、やめて行った。

残された僕と樋口は、いろいろ話し合った結果、二人でコンビとしてやって行くことになった。

三人の中で、市井がもっとも「華」があると考えていたため、残された華のない二人は途方に暮れたが、僕は、養成所時代、何人かの人間とコンビを組んでは解散を繰り返していたこともあり、コンビを組む上で一番大事なのは解散しないことだと考えていた。

お笑いの才能より、女の子に人気の出そうなルックスより、まずは長く組むことが大事だという結論に達していた。正直、樋口の書いてくるネタも、自信ありげに言ってくるアイデアも、その他諸々、何一つピンとは来ていなかったが、それでも「続ける」ということの方がメリットが大きいと考え、二人でやっていこうと決めた。

僕は、養成所時代も感じていたことなのだが、芸人になるような人は、もっと人間的に破綻した、やぶれかぶれの駄目人間ばかりが集まってくるものだと思っていたのに、実際のところ、みんなちゃんとしていた。それがショックだった。騙されたと思った。

みんな上手くやっていた。上手くやれない人の集まりだと思っていたら、むしろ上手い人の方が多かった。それは、樋口や、市井にも言えることで、彼らもご多分に漏れず、上手くやっていた。僕のような生活ではなかった。

市井は、大学に籍を置きながら芸人活動をしていたし、樋口も、ちゃんと大学を卒業してから、東京に来ていた。

そもそも、彼らは人脈も多く、普通にサークルだなんだと大学生活も謳歌してきたようであったし、実家との関係もおおむね良好、東京でもキチンとアルバイトもして、借金もない。

僕のように、「特攻隊」のような、片道切符の後先考えないような生き方をしていなかった。それはつまり、いつでも芸人などやめて就職できるということであって、僕はそのことを、常々彼らに言っていた。

「俺とお前らでは、本当は全然立場が違う！　お前らは、最悪芸人やめても、売れなくても、就職できる。でも、俺みたいに、学歴がない、借金はある、友達もいない、人脈、コネもない、実家とも断絶している、こんな人間はもう就職などできない！　俺にはこれしかないんや！　これアカンかったら死ぬしかないねん！　所詮、お前らはセーフティーゾーンでやってるに過ぎないねん！」

一緒にお笑いをやりながらも、僕はある種、疎外感を味わっていた。当然、彼らは「やめないよ！　一緒だよ！」と言うのだが、一切信用ができなかった。そういう人間になってしまっていた。

とにかく、自業自得な部分ばかりだが、あらゆる面で、何も持っていない状態、持たざる人間、「0人間」だったので、そういう過剰な不信感に常に苛まれて生きてきた。ゴミ人間で0人間。ゴミ0人間……エコだ。貧乏なヤツ、不幸なヤツ、おかしなヤツ、いろいろいるが、これほどまでに持ってない人間を見たことがない。

しかし、今考えると、この樋口という男もたいがいおかしなやつである。僕と市井は養成所内で一度コンビを組んだことがあった。しかし、樋口に至っては、その市井が間に入って初めて知り合った人間である。しかも出会って一年も経っていない。それくらいの付き合いで、よく一緒にやって行こうとなったなと、不思議ではある。

そこから、今の事務所に入り、ポツポツ深夜のテレビなんかに出られるようになったのが、2005年とかだろうか。当然まだ食えはしないが。

第7話 三畳八千円、風呂なし、念仏あり

樋口に出会ってしばらくして、僕は東京で二度目の引っ越しをすることになる。

思い返せば、何も持たず、ほとんど手ぶらで上京してきた。四畳半、家賃一万五千

円の風呂なしアパート。お金も何にもなくて苦しい毎日。随分長く住んだと思っていたが、振り返れば二年に満たなかった……こんな言い方をすると、サクセスして引っ越しするといった感じだがもちろん違う。

いろいろ苦しいので、家賃を下げられないかと思ったのだ。しかし、元々一万五千円という超破格の家賃である。さすがにどれだけ体が柔らかくてもこのリンボーダンスはくぐれない。これ以上の、いや、これ以下の物件などない。一か八か、町中の不動産屋さんを訪ね歩いた。カウンターで、いかにも、夢いっぱいだがお金がない好青年を演じて哀れを誘い、交渉していく。

すると……あった。

もう八件目くらいの小さな不動産屋だったろうか。地元密着の店である。相手の「若者を助けてやってる=俺の方が上だ」という気持ちを煽りながら喋っていると、「分かった……ちょっと聞いてみるね」と言ってくれた。

電話をしているのを聞いていると、何やら、大家さんと直接交渉してくれているみたいだ。祈るような気持ちで電話が終わるのを待っていると、不動産屋のおじさんは、僕に向かってオッケーサインを出した。それを出すまでの「間」が長くて、ちょっと調子に乗ってて、うっとうしかった。

新天地は、同じ町内の、数百メートル離れたところにある、別の……ボロアパートだった。

（まだ下があるのか……）

ボロアパートからさらなるボロアパートへ。転落はまだ終わらない。言い方は矛盾しているが、僕は、青天井で落下し続けていた。

月に一万五千円、この程度のお金が捻出できないほど、当時の僕は追い詰められていた。引っ越し先のアパートは、敷金も礼金もゼロである。そもそも八千円にまで下げないと借り手が付かないような物件に、「礼」も何もあったもんじゃない。礼など必要ない。厚かましい。よって、今住んでいる四畳半を出れば、ほんの少し戻ってくる敷金の分、正確には、家賃二カ月分の三万円が戻ってくる。

新しいアパートの家賃は八千円。最初の家賃を払っても、二万二千円残る。

その二万ちょいが欲しくて、それでとりあえずご飯を食べたくて引っ越しを決意したのである。もちろん今後、その差額、七千円が毎月浮くというのも魅力ではあったのだが。ここで引っ越さないと大変なことになると思ったのだ。その判断自体は大正解だった。なぜなら、それから十年近く、僕は三畳を脱出できないことになるからである。

引っ越し自体は、徒歩で一回で終わった。ダンボール二つを新居の大家に借りた台車に載せて、運んだ。それで終了である。

僕が引っ越した次なるボロアパート。名前を、「勝浦荘」という。大家さんの名前からとったネーミングだったようだ。僕にとって初めての「荘」だった。「荘」という言葉はいい。おそらく、それまでに読んだ本や漫画の影響だろうが、僕は「荘」という言葉に何か前向きな明るい未来を想像させる、「善」とか「正しさ」と言ってもよいような、そんな印象を持っていた。お金はないけど、夢や希望にあふれる未熟な若者たちが、ある時はぶつかり、ある時は団結し苦楽を共に生活する、そんなイメージ。そして「荘」には、マドンナ的存在もいて、何かドキドキするような、一悶着を起こしてくれるに違いない。

現実は違う。

そのアパートには、部屋が五つほどあったが、僕が来る以前から埋まっているのは二部屋だけで、僕が最後の入居人だった。イメージとしては、木賃宿といった感じか。何をしているのかよく分からない、社会の歯車になれなかった人達の吹き溜まりのようなところだった。一日に何度も奇声が聞こえた。

間取りなどない。

僕の部屋は元々、大家のお婆ちゃんの旦那さん、その人は新聞記者をしていたらしいのだが、もう亡くなっていて、その旦那さんが生前、大好きな釣り道具を置いておくのに使っていた、倉庫のような空間だった。

座敷牢のような部屋であった。

通りを少し大きな車、トラックが通るとそれこそ震度五くらいの揺れが起こる。部屋自体がトラックの荷台に乗っているかのような揺れ方だ。部屋が三畳と狭かったので、僕はなんとか空間を上手く利用した。その部屋にはかろうじて押入れがあった。押入れといっても、下の部分しかなく、部屋の床と同じ高さにある。平屋の押入れというか、足元に収納がある、そんな感じのものだった。僕はその押入れの引き戸を取っ払った。すると、三畳の部屋がちょっと拡張され、丁度一畳分くらいのスペースが新たにでき上がる。そこに布団を敷き、寝ることにした。

それは良かったのだが、どうにも都合が悪いことがあった。

その押入れの床の下、つまりアパートの一階部分は大家さんの居住スペースになっていたのだが、ちょうど僕が寝ている真下に、亡くなった旦那さんの仏壇があるらしく、毎朝五時くらいに、チーンと聞こえてくる。

老人の朝は早い。そのチーンという音とともに、大家が唱える念仏が南無南無と聞こえてくるのだ。僕は毎朝念仏を目覚まし代わりに起きていた。ありがたい念仏を背中に浴びながら、そのまま僕自身が成仏してしまうのではと怖くなった。

第8話

大家との攻防

よく喧嘩もした。

「女一人だからって舐めないでね！」

というのが彼女の決め台詞であった。八十歳も近いお婆ちゃんが自分のことを「女」と呼ぶのは新鮮だった。

彼女は、僕のことを「山田さん」と呼んだ。

何か用事があると、階下から「山田さ〜ん」と呼んでくる。ただただ家賃の催促のことが多かったが、それも話し込んでいるうちに雑談や、世間話、近況報告になっていく。大家さんの話を聞くのも僕の仕事のうちだった。しかしなにせ話が長い。ふと気がつくと、四時間たっているなんてこともざらにあった。

話題は大体が昔話で、自分は本当はとてもお嬢様の家柄で、若い頃に、亡くなった新聞記者の旦那さんに見染められて嫁いで来たこと。子供も優秀で、時々来ては面倒を見てくれること。最近、社交ダンスを始めて楽しいこと。ありとあらゆる話をした。後半は、最近、麻雀も始めたので、早く家賃を入れて欲しいという話題ばかりだった。寂しかったのかもしれない。実際彼女の子供や孫が来ているのを見たことがない。

アパートの一階部分、大家さんの家の玄関先で僕は半身外、大家は家の中、そういう状態でよく話をした。彼女は、残された寿命をすべて趣味に使っていた。

社交ダンスに麻雀、お友達との旅行、お菓子作り。こんなに遊び呆けている人間だ。どうせ年金もたんまりもらっているのだろう。それなのに、俺のようなこれからの若者がなぜ金欠に苦しまないと駄目なんだ……まさに「ラスコーリニコフ」の心境だったが、家賃を滞納している手前、そのトークの時間を断るわけにもいかない。

何度か、家に上げて下さい。中で話しましょう。そう言ってみたのだが、彼女は決して家にはあげてくれなかった。なぜかそういう時だけ、若い女のような用心をする人であった。十年近く住んでみても、結局その垣根は越えられず、僕は家にあげてもらったことはなかった。

「あたし」……大家さんは自分のことを、そう呼んでいたが、ある時、「あたしも社交ダンスとかで忙しいし、お金がかかるんですからね！」と家賃をためていることに対して文句を言われたことがある。当然のことなのだが、この一言を聞いてから、僕は何のアルバイトをしていても、大家が社交ダンスや趣味に通うためのお金を稼いでいるという錯覚に陥ってしまい、元々乏しい労働意欲をさらに削られることになる。

家賃をためていたと書いたが、部屋を出る直前には、最大、二年分の家賃を滞納していた。普通ならそんなことになる前に追い出されるのだが、そうはならなかった。

僕は、普段から、月末の家賃の日に向けて、ジャブのように細かな恩を売っておくという手法を使っていた。

庭の大きな鉢植えは重い。何かの折に、その鉢植えを動かしてあげたり、秋には、柿の実をとってあげたり、常日頃から、大家さんの玄関先を掃き掃除してあげたり、とにかくマメに細かく恩を売った。一度、社交ダンスで足を挫《くじ》いた時なども、病院まで連れて行ってあげた。そういうことを積み重ねて、迎える月末。

「山田さん！　今月こそ家賃払って下さい！」

「いや〜、実は今月入る予定やったお金が、向こうのミスでまだ入ってなくて……」

「先月もそんなこと言ってたじゃないの！」

「いや、ほんとに、僕も困ってるんですよ〜！」

「あたしも、そんなお金持ちじゃないの！　細々とやってるの！　これじゃ、今月社交ダンスも行けませんよ！」

時には、僕が出すゴミの中身をチェックして、「最近、いいお弁当よく食べてるわね？　もうお家賃払えるんじゃないの？　何なら全部払ってもっといいところに引っ越せばいいじゃないの？」

などと嫌みを言ってくる。その弁当は、廃棄のヤツだが。前述した通り、僕も大家さんのゴミをチェックしていたが、これがあったので罪悪感なくできたのだ。

「親御さんに電話しましょう」という時もある。彼女なりに現状を何とかしたくて言ってきたようだったが、僕は絶対に実家の連絡先を教えなかった。最初の契約の時も、嘘の連絡先を書いていた。急遽、倉庫代わりの空間を貸すということで、諸々簡略的な契約だった。不動産屋も儲けがないものだからその辺は適当だった。

月八千円の家賃。一年分でも十万円に届かない。正直、今の家の一月分にもならない。そう考えれば、大出世だ。

とにかく、最終的には二年分の家賃を滞納した。

よく、芸能人の昔話、美談の中に、「東京のお母さん」なんてワードが出てくるが、そもそも、実の母とも疎遠な僕である。「お母さん」という言葉に、気味の悪い郷愁を感じたりはしない。だが、この大家さんは、僕にとって東京のお母さんだった。年齢的にはお婆ちゃんだが。

この人のこの部屋を貸してもらえなかったら、最悪死んでいたかもしれない。結局、なんだかんだ文句を言いながらこの大家さんに生かされていた。

ちなみに……一度売れた時、ようやくたまりにたまった家賃を払えると思い、二年分に随分色をつけて、感謝の気持ちと誇らしい気持ちで一杯になった僕は、それを大家さんに渡した。

中身を見た彼女は、「もっとちょうだい！」と言った。そっくりそのまま書いている。「稼いでるんでしょ？　もっとちょうだい！」そう言ったのだ。

とてつもなく彼女らしい一言だった。

あげなかったが。

第9話

バンドマンの死

一方、本業、といってもそれでご飯を食べていないので本業とはいえないが、芸人活動の方はというと、コンビになってから、事務所に入り、苛酷なロケ番組に、一年間ほど行ったものの、帰ってきても特に人気者にもなっておらず、かろうじて、スポーツ新聞の連載のレギュラーを持つことはできたが、もちろんそれだけで食えるはずもなく、相変わらずパッとしない毎日だった。

その時していたアルバイトは、工事現場の「荷揚げ」だった。

当時彼女もできて、少し真剣にいろいろ考えなければと思っていた。なのでアルバイトもちゃんとしなければ駄目だと初めてまっとうに生き始めようとしていた頃だった。何の人脈もなく、お金もなく、能力もない人間が、すぐにできる仕事といえば、肉体労働しかない。

このバイトの連中は、なぜかノリが荒くれ者で、当然いけないことではあるが、現場が終わって帰る時、同じ電車に乗っていると、酒を飲みだし、車中で平気でタバコを吸うようなヤツまでいた。何年も昔のこととはいえ、当然当時でもそんな蛮行が許されるはずもなく、周囲は眉をしかめていたが、僕はなんとなく楽しかったというか、面白かった。

人生で初めて接するノリの男達だった。

とにもかくにも、借金を返すためと、付き合い始めた彼女に何かものを買ってやるために働かなければならない。

荷揚げとは、部屋の壁や内装なんかに使う、石膏パネルとか、軽量鉄骨、とにかく担げるものなら何でも人の力のみで、まだ建築中のマンションの上階に上げていく仕事だ。我々が揚げた資材を使って、職人さん達が次々と現場を仕上げていくのである。高層マンションの場合は、現場に資材運搬用のエレベーターがあるので、比較的楽だが、中途半端な階数のマンション現場だと、そのエレベーターもないので、人力で階段を上って行くしかない。これはとてつもなく激しい肉体労働で、僕は心身ともに疲弊しヘトヘトになっていた。実際今も腰骨を圧迫骨折している。

そのバイト先にはいろいろな人間がいた。ボクシングをやっている若者、大学生、バンドをやっている若者も結構いた。バンドをやっている男とは、友達というわけではなかったが、お笑いとバンド、同じ業界を目指すものとして親近感は持っていた。

その朝、事務所で会った時、そんなに仲が良いわけでもなかったが、声をかけてきた。

「今度ライブするから見に来てよ！」

聞くと、うろ覚えだが、確かちょっと大きめのライブを主催するかなにかで、手売りのチケットのノルマが大変だということだった。

借金もあり、彼女もできて、金欠も金欠だったが、僕はチケットを買ってあげた。デートに丁度良いと思ったのか、「同志だ」という気持ちがあったのか。三千円くらいだったろうか。誰も知らんバンドやのに、えらい高いな。バンドって良いな。そんなことを考えていたと思う。とにかく、当時の僕としては、破格の出費であった。

夕方、現場を二つ終えて事務所に帰ってくると、なにか雰囲気がおかしい。この辺も、その日だったのか、後日だったのか記憶が定かではない。確かなのは、僕がチケットを買った、そのバンドマンが、現場のマンションの上階から、転落して死んでしまったということだった。

聞いてみると、安全帯と呼ばれる、高所の現場では必ず、腰に巻き付けたそれを、どこかにひっかけて、身の安全を図らなければならない、それをかけ忘れてしまったらしい。バイト先ではベテランの域だったので、油断してしまったのか、ライブを控えて浮ついていたのかそれは分からない。とにかく、一緒にアルバイトをしていた人間が今は死んでいない。その事実に愕然とした。

僕は、そのバイトをやめた。正直、怖くなったというより、体がきつくて、やめるキッカケを探していただけだったが。しかし、同じ業界を目指している、同じバイトをしていた人間が、こうもあっさり、クリーニング屋の売り文句のように、朝会って夕方死んでるなんて、そのことに少なからず動揺していた。こんな簡単に死ぬならちゃんとやっといた方がいいなー……そんな風に思った。

第10話 浮気と乾杯

ちなみにこの時付き合っていた女性とは、結果八年間お付き合いすることになるのだが、貴重な修羅場を体験させてくれた。簡単に言うと、彼女の浮気相手と話し合うという、元引きこもりからすると、夢のような恋愛のステージを体験させてもらったのである。実際はそんな悠長な心境ではなかったが。

僕はその、当時の彼女の浮気相手に連絡をとり、待ち合わせした。いくつかの仕事を終えてから、待ち合わせ場所にタクシーで急ぐ。

最初、浮気相手の男は、待ち合わせ場所を喫茶店でいいですか？　と言ってきたが、それはまずかった。自意識過剰な僕は他のお客さんに顔ばれすると面倒なんじゃないか？　と考えたのだ。ちなみにこの時、僕は一回売れていた。

彼女に聞くところによると、相手は僕という彼氏の存在は知っているが、芸人だとは知らないという。なんだそれ。とにかく、理由は深く言わずに、喫茶店は駄目だと伝えると、彼は、仕事で営業車に乗っているので、その車の中でどうですかと言ってきた。そうした。

どこそこの交差点に、こういう車を止めて待っていますという、その浮気相手の指示通り向かうと、たしかにそれらしい車が止まっている。すぐ後ろにつけ、タクシーを降りた。

長丁場になるといけない思い、近くの自販機で缶コーヒーを二本買った。一本は自分の分、もう一本はもちろん、相手の分だ。こんな時に何の気遣いだと思うかもしれないが、とにかく、舐められたくなかったというか、缶コーヒー、一本分だけでもそいつの上に立ちたかったのだ。

助手席側の窓ガラスをコンコンと叩いて、ドアを開けた。見ると、運転席に若い男が座っている。日に焼けた、スポーツマンタイプだ。実際、話してみると、スポーツマンで、社会人のサッカー選手だった。相手はしばらく黙って僕の顔を見た後、「あっ！」という顔になった。

僕はそれを見て、

「そうだ！　びっくりしたろ！　お前が寝取った女の彼氏は貴族なんだよ！　ビビったか！」とほくそ笑んだ。しょうもない男である。

動揺する彼を見ながら、「ここでえーのかな？」と、車の助手席に乗り込み座る。大人の余裕で、缶コーヒーを、「これ、良かったら！」と相手に渡す。「あっ、ありがとうございます……何かすいません」と恐縮する彼。かましが成功した。

そして、「で、まあ、話は大体聞いたけど、一応、君の口からも経緯を教えてくれるかな？」と言った。余裕だ。大人である。詳細は省くが、よくよく聞くと、最初は彼氏がいるのも知らなかったなどの事実が出てきて、結果、男の自分からの意見だが、彼は悪くなかった。

すっかり毒気を抜かれ、あやうく意気投合しそうになった僕は、彼に一言、「分かった。後は彼女の判断に任せよう！」、そうビシッと言って、車を出た。結果、僕が振られることになる。

帰りのタクシーの中で、僕はふと、「缶コーヒー、二本用意したの、乾杯しようとしてたのかなとか思われたんちゃうかな？……」という、場違いな不安にかられ、自分の格好悪さに辟易《へきえき》した。一年前からその女性とは同棲していたのだが、家にはもう誰もいなかった。しかし、彼女には感謝している。おそらく、ゲームなら、レベルアップを知らせる、電子音が高らかに聞こえたであろう。元引きこもりのホームレス同然だった男が、一人の女性を巡ってこんな修羅場を、こんな高度な男女のいざこざを経験できるまでにレベルアップしていたのだ。感謝である。

そんなわけで、僕は一回、まあまあ売れていた。芸人を志した当初の予定とは随分違ってしまい、シルクハットをかぶり、ワイングラスを持っていたが。

ゴミを食って生きてきた人間が、焼肉を食えるようになった。たまには人に奢れるようにもなった。

電車にも乗れず、いつも歩いて汗だくになっていた人間が、気軽にタクシーに乗れるようになった。

借金も完済し、あのビルにはもう行っていない。

そして、あれだけ長年引きこもって、対人恐怖症の気すらあった僕が、何十人、何百人、時には何千人の前で、漫才をしたり喋ったりしていた。

分からないものである。

僕は生まれ育った地元の町の駅に立っていた。近くで仕事があり、何となく来てみたのだ。十五年ぶりくらいだった。

夕刻、駅の前のちょっとした広場で、西陽の中、小学生の男の子が一人でサッカーボールを蹴って遊んでいた。

ふとこちらを見た彼は、数秒固まった後、踵《きびす》を返し駆け出しながら、「貴族だ、貴族が帰ってきた〜！」と叫んだ。

まさに映画のような帰還。

僕は、家族でたまに外食で来ていた駅のそば屋で天かすそばを食べて帰った……もちろん、スタンディングで。

今ならあの少年はなんと言うだろうか……。聞きたかないが。

社交が苦手で芸能人の友達がいない。そういう意味ではまだ引きこもりである。

第6章

引きこもり、親になる

第1話

親になって

結婚し、娘が生まれ、引きこもりだった僕は親になった。

自分が、男ばかりの三人兄弟だったので、僕はずっと娘が欲しいなと思っていたので、心で嬉しかった。これまでの人生で、随分とひどいマイナス思考になっていたので、心のどこかで、「俺が娘が欲しいと思っているってことは、そうはならないんだろうな……」と早くから、確信めいた諦めの気持ちがあったので、余計に嬉しかった。

どれだけマイナス思考かと言えば、娘が生まれてからしばらくは、朝起きたら娘が死んでるんじゃないか、こんなうまい話はない、必ず邪魔が入るはずだと気が気じゃなかった。

夜何度も起き出しては、娘の顔に耳を近づけ息をしているのを確かめた。妻にうっとうしがられた。

少し大きくなって、公園なんかで、遊ばせていても、「今、この瞬間、こぶし大の隕石が飛んできて、娘の頭にぶつかり頭の上半分がボコンとなくなって、もう娘の魂は宿していないだろう体だけが、二、三歩歩いてぱたっと倒れる」みたいなグロテスクな光景が頭に浮かんできたり、道を歩いていても、基本トラックが突っ込んでくると思ってしまうし、そういう妄想にとりつかれては、水から上がりたての犬のように全身で身震いして、隣にいる妻に、「えっ、怖っ！　どうしたの？」と引かれる始末である。

家中の「角」にゴムをとりつけた。子供がぶつかるのを防ぐグッズである。ぶつかっても痛くない。

角に当たると痛いということを知らない娘は、無防備に角に向かって行く。それが見ていて怖い。家の中は大丈夫だが、外に出てまで角にゴムは貼れない。ましてや、他人の心にもゴムは貼れない。いつか人の悪意やなにかの「角」にぶち当たるだろう。それも怖い。

風船で遊んでいると、割れないか心配である。割れた時に、どれほどのショックを受けるのか想像すると、僕は、娘が寝てしまった夜のうちに風船自体を隠してしまう。そんなこと知らない方がよい。

しかし、もし割れることを教えないで、そのまま大人になり、初めて風船が割れるのに出くわしたら娘はどうなるのだろうか。

先日、娘が風船の上に勢い良く座り、「パン！」と盛大な音を立てて割れた。娘はツボに入ったらしくゲラゲラ笑っていた。そんなもんだ。

とにかく、娘が生まれたことは、僕が、人生で初めて思い描いた結果がそのまま、百点、百％で手に入れることができた瞬間だった。妻に娘の名前をつけてくれと言われた時、最初は断った。正直嫌だった。

こんな生き方しかしてきていない人間が名前をつけたりしたら、何か娘の人生に、思いもよらないような、超自然的な不都合、運気が悪くなるとか、その手のことが刻み込まれるんじゃないか、起こるんじゃないかと本気で恐れていた。何か呪いのようなものが。今でも、なるべく僕の影響を受けないで育ってほしいと思っている。こんなもんに関わるとロクなことはない。

それでも妻に何度もお願いされ、お父さんが名前をつけてくれた方が娘も将来喜ぶとか持ち上げられ、やっとその気になった。

そもそも自分の名前が嫌いなのである。

「山田順三」…「順三」……「順番が三番」。

英語なら、Ｎｏ．３。

小さい頃から名前を呼ばれる度に、テレビや本で見聞きした、囚人が番号で呼ばれて、点呼されているようなイメージが、頭に浮かんで来て気分が悪かった。当時はもちろん、「キラキラネーム」なんて言葉はなかったが、自分の名前に比べれば、他の子達の名前はもっとキラキラしていたはずだ。

結局、自分の名前に一体どんな親の「愛」が、「願い」が込められているのか、そんな基本的なエピソードも装備しないまま、人生を過ごしてきた。つけた側にはそれなりに理由があるのだろうが聞いたことはない。

自分の名前が番号みたいな無味乾燥な名前なので、娘には何か素敵なエピソードが付いている名前にしてやりたかった。何より、ポップな感じの名前にしてやりたかった。かといって、今はやりの「キラキラ」している名前も重荷になるだろう。

徳川家康か誰かの言葉で、「人生とは、重き荷物を担いで歩いていくようなもの」という名言があるが、その荷物、袋に、一番最初に入れるのが、名前だと思う。それが、ごってりキラキラした、ダウンロードに何分かかるねんというような重たいヤツを入れるなど、親の勝手でしかないと思う。それに、それだけの重荷であったり、いじられポイントを作ってしまって、死ぬまで守ってやれるほどの力も僕にはない。

そんな事を考えながら、「百夏」と名付けた。夏のある日、満月の日に生まれた子だから、「百％の月が見えていた夏の日」生まれということで百に夏で「ももか」である。我ながらなかなかのセンスだと悦に入った。

娘が生まれたことで、「人生が余った」という感覚は完全になくなった。逆に、今までの怠けたつけが来て、人生が、時間が足りないという焦りすらある。とりあえず、この娘が成人するまでは、なんとか飯を食わせないと駄目だ。それだけである。

最終話

謎の見せ本の正体

娘が生まれた時、妻と「将来、どんな大人になるのかな〜……」などと、世間様並みの、幸せ夫婦の会話をしていると、妻が「習い事とかも考えないと！　何を習わす?」と聞かれたものだから、「簿記」と答えたら怒られた。

夢がなさ過ぎるというのである。僕は、それこそ簿記とか、パソコンとかそういうものを習わせた方が、結果夢も広がるんじゃないかと思っているのだが、妻に言わせれば、それは夢ではなく「ユーキャン」だということだった。

フィギュアスケートもやらなくていいし、アメリカンスクールに入らなくてもよい。ブログで報告するつもりもない。そもそもママタレと言われる人間がブログで披露することだけが素敵な子育てでもあるまい。

こんな言い方は、妻には悪くて気が引けるが、今や、娘は僕にとって、唯一血のつながった家族である。実際の自分の両親とは、娘のおかげで喋るようにはなったものの、親父と酒を酌み交わし、彼が初任給で買った腕時計を譲られるなんて展開はおそらくないであろう。

もし娘がある日、引きこもると言いだしたら、そんな日が来ないことを祈るが、別にそうなっても構わない。よっぽど、そう僕ほどのバカでなければ、道はいくらでもある。今だから言えるが、この僕にも、それはあったのだから。最悪でも髭男爵にはなれる。それが良いか悪いかは知らないけど。僕は「悪い」と思っているが。

最近、僕は絵本を集めようと思っている。

娘が字を読めるようになった時、良い絵本を読ませたい。押しつけじゃなく、自然に手にとるように配置しておきたい。

その時、思い当たった。例の子供の頃実家にあった「謎の見せ本」のことである。

あの本はおそらく、僕の兄が生まれる前、父が調えたものではないのか。

それこそ何も言わず、ただ家の中に配置し、自分から手に取って読めばいいなと。名だたる古典作品に幼少期から触れさせてやりたいなと。

兄はスルーしたようだったが、僕は手に取った。読んだ。結果、こんなコスプレキャラ芸人になってはいるが、それでも読んだ。だったら成功ではなかったか。

そして今、僕は自分の娘のために、絵本を集めようとしている。あんまり堅くならないよう、僕の好きなマンガの中から適したものも配置しておこう。

しかし、これだけ疎遠になっていても親子とは似るものである。

今こそ、真意を確かめてもいいだろうと思い、僕は父に電話してみた。お昼の十二時くらいだった。

何度か呼び出し音が鳴った後、父が出た。

「もしもし、俺やけども……」

「なんや!?」

特に久しぶりの感じも出さない。相変わらずである。

しばらく嫌みを聞いた後、切り出した。

「あの家にあった本……赤いヤツ。あれなんで家にあったん?」

「赤いヤツ？　なんやそれ？」

「いや、だから、『罪と罰』とかなんかいっぱいあったやん？　あれ何やったん？」

「……あー、あれか！　あれゴミやゴミ！　お前のランドセルを拾った時、一緒にゴミ置き場に捨ててあったん、綺麗やから拾っておいてたんや！」

「……」

何か二言三言話して電話を切ったが覚えていない。

出所がどこであろうと、僕は読んだ。結果芸人になったけど、読んだは読んだ。それで良い。ランドセルは兄のものですらなかったが、誰かの「お下がり」には違いない。

あとがき

もう、四十歳。

これまでの自分の人生を振り返ってみると、これはもう明らかに、弁解の余地なく、「失敗」している。

「中学受験に合格」→「中学校で留年」→「引きこもる」→「苦し紛れに高校受験するも、不合格」→「五年間、二十歳まで引きこもる」→「大検取得」→「大学合格」→「二年足らずで失踪」→「上京」→「芸人として、下積み生活始まる」→「借金で首回らなくなる」→「債務整理」→「やっと一回売れる!!」……そして、「今」である。

こんなに嫌なマスが多いスゴロクも珍しい。

「サイコロ」の方もおかしい。

こんなに出目に偏りがあって良いのだろうか？

ここ数年に至っては、サイコロ自体紛失した。

一向に、次のマスに進めない。

それでも、粛々と生きていくしかない。

別に悲観しているとか、諦めているとかそういうことでもない。

「そんな人生だな……」と言うだけだ。

お笑い芸人なんて仕事をしているのに、これは致命傷だが、そもそも人間が苦手だ。

人間関係の一番の基本と言えば当然「親子関係」だが、そもそもそこからして失敗している。

例えば、この二十年の間で考えても、両親に二回くらいしか会っていない。

「この間、お正月に実家に帰ったら親父がさー……」とか、

「昨日、おふくろが家に泊まりに来て、相手しないと駄目で面倒くさいわー……」

とか、そういう「普通」が自分にはない。

男ばかりの、三人兄弟の真ん中、次男である。

兄弟に至っては、この二十年で一度も会っていない。

こう言うと、喧嘩しているとか、仲が悪いとか思われそうだが、そういうこともな

い。そういうことでもないのに、会ってないというのがより異常事態なのだが。

自分でもなぜそんな風になってしまったのか分からない。

ただただ、「そんな家族」だということだろう。

先日、僕が仕事で一週間ほど家を空けている間に、妻が娘を連れて、僕の実家に行ってきた。

妻なりにウチの家族を心配してくれたようで、僕には黙って、母と連絡を取り合っていたらしい。

撮ってきた写真を見せられたが、父も母も、初孫である娘にデレデレで、少しは親孝行できたかなと、勝手に思っている。しかし、子供のパワーは偉大である。あれだけいろいろ確執があった、と言うかそれしかなかった両親に、シラーと、何の照れもなく、ジジイとババアをやらしてしまうのである。子供とは偉大だ。

そんな娘が大きくなって、物心がついてくる前に、やるべきことがある。

家にある僕の「髭男爵」の痕跡を完璧に消し去ることである。娘が将来、学校でいじめられやしないかと心配なのである。

僕は、娘には自分の仕事を、「変則的に働くサラリーマン」で通そうと思っている。どんなに帰りが不規則だったり、平日に家に居て休みでも、すべて「フレックス」で片づけようと思っている。

なので、今は普通に家に転がっている、シルクハットや、DVD、その他諸々、娘の目の届かないところに収納する予定である。

それでも怖いのが遺伝である。

ある日、かつての僕のように「ガサ入れのDNA」を引き継いだかもしれぬ我が娘が、興味本位で僕の部屋に入ってくる。

そこでいろいろ物色している最中、シルクハットを見つける。日本のお父さんで、シルクハットを持っている人はそうはいない。普通のお父さんにはシルクハットは必要ないのだ。せいぜい、「マジシャン」の方くらいのものだろうか。

娘に聞かれて、一度は、「パパはマジシャンなんだよ」と答えることはできる。「髭男爵」よりもきこえは良い。子供達にも人気が出そうだ。娘の友達の誕生会に、手品をしてくれとオファーを受けるかもしれない。

しかし、そうなると、結構しんどいことになる。実際の僕はマジシャンではないわけだし、マジシャンぶろうとするなら、練習が必要だろう。その時、僕は五十歳くらいだろうか。今から練習して間に合うものだろうか。この年になってから、シルクハットから鳩を鮮やかに出すだけの、手品のテクニックが果たして身に付くのだろうか。四十歳でマジックスクールに通いだしたら、周りは若い子ばっかりだ。バカにされないだろうか……心配は尽きない。

この度はこんなみっともない人間の半生を、大それたことにも本にする機会をいただいて感謝なのだが、どうにも複雑である。

二〇一五年夏

山田ルイ53世

ヒキコモリ漂流記

2015年8月31日　第1刷発行
2015年9月28日　第2刷発行
著　者　山田ルイ53世
発行者　石崎 孟

発行所　株式会社マガジンハウス
〒104-8003 東京都中央区銀座3-13-10
書籍編集部　☎03-3545-7030
受注センター ☎049-275-1811

イラストレーション　小山 健

装丁・本文デザイン　萩原弦一郎＋藤塚尚子（株式会社デジカル）

印刷・製本　中央精版印刷株式会社

ISBN978-4-8387-2774-2　C0095